10대와 통하는

세계사
이야기

10대와 통하는 세계사 이야기

제1판 제1쇄 발행일 2022년 4월 5일
개정판 제1쇄 발행일 2023년 5월 5일
개정판 제3쇄 발행일 2024년 5월 1일

글 _ 손석춘
기획 _ 책도둑(박정훈, 박정식, 김민호)
디자인 _ 채홍디자인
펴낸이 _ 김은지
펴낸곳 _ 철수와영희
등록번호 _ 제319-2005-42호
주소 _ 서울시 마포구 월드컵로 65, 302호(망원동, 양경회관)
전화 _ 02) 332-0815
팩스 _ 02) 6003-1958
전자우편 _ chulsu815@hanmail.net

ISBN 979-11-88215-88-1   43900

철수와영희 출판사는 '어린이' 철수와 영희, '어른' 철수와 영희에게
도움 되는 책을 펴내기 위해 노력합니다.

10대와 통하는
세계사
이야기

역사를 아는 만큼 미래가 보인다

글 손석춘

철수와영희

1000억 사람들이 살아간
삶의 이야기

물음으로 시작할까요? 지금까지 5000년 세계사에서 얼마나 많은 사람이 태어나 살아갔을까요. 짐작했겠지만 그 물음은 삶이 누구에게나 소중하다는 당연한 사실을 새삼 깨닫기 위해서입니다.

세계사를 다 준다면 자신의 생명과 바꿀 수 있을까요? 어림없죠. "한 사람을 구하는 것은 세계를 구하는 일"이라는 탈무드의 경구도 비슷한 맥락입니다. 세계사 이야기의 들머리에서 한 사람의 생명을 강조하는 까닭은 의도적입니다. 세계사라면 숱한 전쟁과 이른바 '영웅'들을 눈앞에 떠올리는 사람들이 적잖거든요.

그러나 전쟁과 영웅담, 또는 강대국 흥망을 중심에 둔 세계사 읽기는 역사에 대한 오독이자 인류에 대한 모독입니다. 10대 시절에 동아시아의 역사소설 『삼국지연의』를 읽으며 제갈량에 끌리다가 적벽대전에서 100만 병사들이 수장된 대목에서 충격을 받았던 기억이 납니다.

찬찬히 짚어 봅시다. 당장 내게 생명을 준 아빠·엄마, 두 분에게 삶을 준 할머니·할아버지로 거슬러 올라가 보세요. 세계사에서 살았던 사람들을 굳이 멀리서 찾을 필요 없습니다. 할아버지·할머니의 부모, 조부모처럼 끝없이 올라가 과거의 모든 사람들, 지금은 지상에 없는 모든 개개인에게도 인생은 더없이 귀했겠지요.

지구에서 인생을 살았던 사람, 여러분과 똑같이 인간으로 생명을 누린 사람들은 현재 과학자들의 추산으로 1000억 명에 이릅니다. 우리보다 앞서 살았던 1000억 사람들이 엮어 온 기나긴 과거, 바로 그 이야기들이 세계사이지요.

그런데 우리는 인류의 과거를 얼마나 알고 있을까요. 일상생활의 경험을 통해 우리는 나와 가장 가까운 친구의 과거도 다 알기 어렵다는 사실을 알고 있습니다. 딴은 어디 친구만인가요. 심지어 엄마·아빠의 과거도 온전히 모르는 영역이 있습니다. 하물며 할아버지·할머니나 그분들의 부모, 조부모는? 그때부터 우리는 캄캄한 어둠과 만나게 됩니다.

세계사의 대부분은 캄캄한 어둠에 묻혀 있습니다. 1000억 사람들이 살아간 삶 가운데 우리가 알고 있는 이야기는 얼마나 될까요.

'현재를 기록하는 역사가'라는 신문기자로 일하면서 지금 일어나는 사건들도 다 기록할 수 없음을 절감했습니다. 과거는 더 말할 나위 없겠지요. 우리가 '역사'를 말할 때 두 가지 서로 다른 뜻이 있음을 새삼 실감할 수 있습니다.

첫째, 실제 일어난 일로서의 역사입니다. 앞서 살았던 1000억 사람들의 이야기가 세계사라는 건데요. 냉철히 짚어 보면 우리가 그런 역사를 알기는 물리적으로 불가능하지요. 그 모든 역사를 알 수 있는 능력을 인간은 갖고 있지 못합니다. 더구나 문자 이전의 선사 시대는 전혀 기록이 없습니다.

둘째, 실제 일어난 일에 대한 기록으로서의 역사입니다. 과거에 일어난 사건들에 대한 기록을 바탕으로 역사가들이 서술한 글이 역사가 된다는 거죠. 역사가의 관점이 얼마나 중요한가를 실감할 수 있습니다.

인류가 걸어온 길을 '선사 시대'와 '역사 시대'로 구분하는 기준도 문자 기록이 있는지 여부입니다. 시간대로만 치면 인류 역사의 대부분을 선사 시대가 차지하지요. 문자가 없던 시대에 대한 이야기들은 대부분 추정입니다. 정확히 파악할 수 있는 자료가 전혀 없는 거죠.

그렇다면 역사 시대는 어떨까요. 사실을 기록한 이야기들 또한 실제로 일어난 사실들에 비해 한없이 적습니다. 우리가 세계사 앞에 더없이 겸손해야 할 이유입니다. 1000억 사람들이 살아온 이야기의 대부분은 아직도 우리의 관심을 기다리며 과거에 묻혀 있습니다.

세상을 자기 눈으로 보기 시작할 청소년기에 인류가 걸어온 길을 알고 싶은 탐구심은 자연스러운 현상입니다. 이 책을 쓰면서 열

여덟 살 봄에 역사를 주제로 학우들 앞에서 발표한 글을 찾아보았는데요. "세계사는 찬란함과 슬픔을 두 수레바퀴로 행복을 찾아가는 마차"라고 썼더군요. 죽음에 예민했던 시기였기에 '찬란한 슬픔'이라 표현했겠지요.

저의 10대 시절과 달리 지금은 세계사를 알고 싶을 때 들여다볼 책들이 이미 많이 나와 있습니다. 국내외 저자들이 쓴 책과 교과서들이 두루 알찹니다. 일일이 출처를 밝히지 않았지만 앞선 이들의 저술이 이 책을 쓰는 데에도 밑절미가 되었습니다. 그럼에도 새 책을 내는 까닭은 두 가지입니다.

첫째, 우리가 세계사를 통해 사람의 존엄성을 두텁게 확인할 수 있다는 진실을 나누고 싶었습니다. 사람의 존엄성은 철학이나 종교보다 생생한 역사적 사건들을 통해 체감할 수 있다는 생각으로 이 책을 구상했습니다. 현대 사회가 나날이 인간의 존엄성을 잃어가고 있기에 더 그렇지요. 청소년 시절에 사람의 존엄성에 믿음을 지닐 때 인생을 더 풍성하게 살아갈 수 있습니다. 이 책이 우주적 관점, '빅 히스토리' 관점으로 세계사를 본 이유이기도 합니다.

둘째, 인터넷 혁명과 '4차 산업 혁명'으로 '미디어 혁명'이 한창 벌어지고 있는 21세기의 현실과 과거와의 대화를 시도했습니다. 역사란 "과거와 현재의 대화"라는 에드워드 카의 잘 알려진 정의처럼, 인간은 늘 현재의 문제의식으로 끊임없이 과거를 재해석해왔습니다. 과거에는 의미를 부여하지 않았던 역사적 사실이 어느 시점에서 대단히 중요하게 다가올 수 있습니다. 마찬가지로 오늘 중시하지 않았던 사건이 미래에는 큰 의미가 있는 사실로 부각될 수 있습니다. 카는 한 걸음 더 나아가 "과거와 현재의 대화는 추상적인 개인들 사이의 대화가 아니라 오늘날의 사회와 지난날의 사회와의 대화"라고 강조했습니다.

세계사에서 미디어 혁명은 네 차례 일어났고 그때마다 인류의 역사는 큰 전환점을 맞았습니다. 네 차례의 미디어 혁명은 말의 혁명언어 혁명, 글의 혁명문자 혁명, 인쇄 혁명, 인터넷 혁명디지털 혁명을 이릅니다.

말의 혁명으로 인류의 문명이 탄생했고, 글의 혁명으로 그 문명을 성장시켰지만 신분제 사회를 만들었습니다. 하지만 인쇄 혁명은 왕을 정점으로 한 신분제 사회를 결국 무너트렸지요. 그리고 21세기인 지금은 인터넷을 기반으로 소통 혁명이 전개되고 있습니다.

일찍이 시인 바이런이 미래에 대한 '가장 뛰어난 예언자는 과거'라고 노래했듯이, 인터넷 혁명이 어떤 미래를 창조해 갈 것인가를 알기 위해서도 역사를 들여다보아야 합니다. 과거의 주요 사건들을 선으로 이어 보면 그 선이 어떤 미래로 갈지 파악할 수 있기 때문입니다. 세계사를 최대한 간결하게 서술하며 각 장을 마칠 때—시대가 전환할 때—마다 잠시 머물며 독자 스스로 사색해 보기를 바라는 뜻에서 '산마루' 자리를 마련했습니다.

무릇 역사를 아는 만큼 미래가 보입니다. 모쪼록 이 책을 통해 세계사를 바라보는 눈이 더 넓고 깊어질 수 있기를, 역사와 대화하며 사람의 존엄성을 체화할 수 있기를, 새로운 문명을 창조적으로 열어 가는 꿈을 꿀 수 있기를 소망합니다. 세계사의 새 지평은 언제 어디서나 '지금 살아 있는 사람들'이 열었습니다.

손석춘 드림

차례

머리말: 1000억 사람들이 살아간 삶의 이야기 4

1   **선사 시대와 문명의 탄생**

우주적 관점으로 인류사 읽기 17

꽃 무덤 만든 선사 시대인 23

현생 인류가 역사의 무대에 오른 이유 27

산마루 1 빅 히스토리가 전하는 우주와 인류의 진실

산마루 2 인류는 어떻게 말을 하게 되었을까?

2   **문자 혁명과 신분제 사회**

문자·청동기의 4대 문명 탄생 42

신분제 계급 사회의 등장 49

대왕 알렉산더와 악명 높은 해적 61

인더스 문명과 불교의 전파 69

동아시아 랴오허·황허 문명 75

산마루 아메리카 대륙의 선사 시대는 어떤 풍경이었을까?

3　유라시아 대륙의 동서 문명

한족의 자기중심적 세계관　94

종이·화약·나침반-유럽으로 간 동아시아 발명품　105

로마의 몰락과 기독교 중심의 신분 사회　111

산마루1　진승·오광의 봉기 "왕후장상의 씨가 따로 있나?"

산마루2　스파르타쿠스와 산 채로 십자가에 매달린 노예들

산마루3　왜 '중국 문명'이 아니라 '동아시아 문명'인가?

산마루4　이슬람 문명과 근대 과학의 발전

4　상공인의 발흥과 인쇄 혁명

인쇄 혁명과 종교·귀족 계급의 몰락　138

근대 과학 혁명과 상업 혁명　144

동아시아 농민 봉기와 왕조 교체　149

산마루1　15세기 세계적 선진국이었던 조선

산마루2　총과 '백인 전염병'에 무너진 중남미 문명

5　시민 혁명과 산업 혁명

정치의 주체 '신민'에서 민중으로　164

영국 '명예혁명'과 미국 독립 전쟁　169

계몽사상과 프랑스 혁명의 자유·평등·우애　175

노동 계급의 등장　185

산마루1　왜 프랑스 혁명을 시민 혁명 상징으로 꼽을까?

산마루2　산업 혁명은 왜 서유럽에서 시작되었을까?

6   자본주의와 제국주의 체제

자본의 이윤 논리와 노동인들의 참상 198
유럽 자본주의 국가들의 팽창주의 206
제국주의의 동아시아 침략 213
유럽을 뒤따른 일본 제국주의 222

산마루 1 제국주의 이론적 무기 '사회 진화론'
산마루 2 사회주의는 왜 자본주의를 비판하나?

7   사회주의 혁명과 수정 자본주의

노동 계급과 러시아 혁명 237
자본주의 위기와 수정 자본주의 246
민족 해방 운동과 새 국가 건설 253

산마루 1 제3세계의 평화 10원칙과 '남북문제'
산마루 2 자본주의 개혁에 가장 앞장선 나라들

8   세계화와 과학 기술 혁명

소련 붕괴와 중국의 개혁 273
미국식 신자유주의 체제의 확산 279
과학 기술 혁명과 인류세 위기 282

산마루 1 기후 위기와 코로나19가 인류의 미래에 드리운 그늘
산마루 2 미중 '신냉전'인가, 동아시아 '신문명'인가?

맺음말: 세계사의 새 지평 295

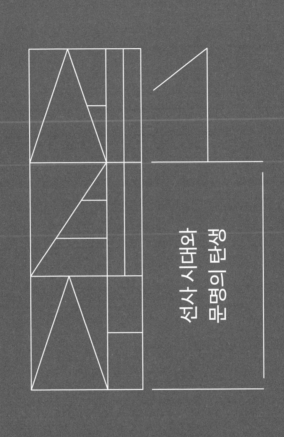

선사 시대와
문명의 탄생

1

선사 시대. '선사prehistory, 先史'는 말뜻 그대로 역사를 기록하기 이전 시대를 이릅니다. 인류가 지구에 처음 출현한 때로부터 문자를 만들어 역사를 기록하기 이전까지 참으로 기나긴 세월이 흘렀습니다.

선사 시대를 학자들은 그 시대를 살았던 인류가 일상생활에서 어떤 도구를 사용했느냐에 따라 구분합니다. 석기 시대, 청동기 시대, 초기 철기 시대가 그것입니다.

선사 시대의 구분 또한 '과거와 현재의 대화'로 고안됐지요. 19세기에 덴마크 국립박물관 관장으로 일하던 고고학자 톰센이 박물관에 소장하고 있던 유물들을 석기, 정농기, 절기로 나누어 신열하는 과정에서 착안했습니다. 그 뒤 다른 학자가 거칠고 투박한 석기와 세련된 석기들을 나누며 구석기 시대와 신석기 시대로 불렀지요. 또 다른 학자가 그 중간 시대를 중석기 시대로 명명했습니다.

그럼 선사 시대는 어떻게 연구할까요? 어차피 아무런 기록이 없으니까 상상력으로 논리를 세워 설명하면 되는 걸까요? 설마 그렇게 생각하지는 않겠지요. 역사학 또한 과학이기 때문에 아무 근거 없이 주장할 수는 없습니다.

역사가들이 선사 시대를 서술할 때 가장 중시하는 근거는 유적과 유물입니다. 유적·유물의 형태를 분류하는 분석, 그리고 그것들이 발견된 지역 사이의 관계를 밝히는 지리적 분석이 전통적인 방법입니다. 선사 시대 연구는 지질학·고생물학·물리학·생화학·생태학과 손잡습니다.

선사 시대와 비슷한 조건을 마련해 도구를 만들어 보는 실험적 연구 방법도 있지요. 지구촌의 깊숙한 곳을 찾아가 현재까지 이어 오고 있는 씨족·부족 집단의 생활 모습에서 선사 시대 생활을 추정하거나 당시의 환경을 짚어 보는 생태학적 연구도 성과를 거두고 있습니다.

흔히 선사 시대는 인류의 역사에서 95% 이상을 차지하는 긴 시간대라고 말합니다. 맞습니다. 하지만 그 또한 선사 시대 시점을 인류의 탄생 이후로 잡았을 때의 계산입니다.

문제는 '최초의 인류'가 어느 순간 갑자기 하늘에서 뚝 떨어진 것은 아니라는 데 있습니다. 현재까지의 과학적 연구 성과로 인류의 기원을 거슬러 올라가면 700만 년 전에 이르는데요. 인류와 침팬지의 '마지막 공통 조상'에서 '분화'가 일어난 시점입니다. 그렇게 짚으면 선사 시대와 역사 시대는 695만 5000년과 5000년으로 구분되어 서로 비교하기도 어려운 차이가 납니다.

인류의 세계사를 다루는 만큼 더 뿌리를 캐 볼까요. 700만 년 이전의 기나긴 시간에 인류와 침팬지는 '하나'였습니다. 분자 생물학 연구에 따르면 인류와 침팬지 사이의 유전 정보 차이는 고작 1.6%입니다. 인류가 침팬지와 98% 이상을 유전적으로 공유한다는 과학적 사실은 인간의 자존감을 뒤흔들며 허탈감마저 주었습니다.

그것이 끝은 아니지요. 더 거슬러 올라가면, 선사 시대 어디까지 가야 할까요? 우리가 역사를 공부하는 목적이 사람에 대한 이해, 더 나아가 사람이 살아가는 세상에 대한 이해에 있다면 인류와 침팬지가 분화되는 그 이전의 장구한 시간대까지 포함해 우주적 관점으로 세계사를 읽을 필요가 있습니다.

우주적 관점으로 인류사 읽기

빅 히스토리, '거대사'는 빅뱅에서부터 현재까지를 하나의 이야기로 설명하려는 새로운 지식 분야입니다. '통섭'적 접근이라고 하지요.

공룡 대멸종의 비밀을 밝힌 과학자 앨버레즈는 '역사적 관점'을 "우리가 삶에서 부딪는 모든 것을 우주의 시작부터 오늘날에 이르는 빅 히스토리 속에서 생각하는 습관"이라고 설명합니다. 역사적 관점과 이어진 우주적 관점은 인류의 삶에 놀라운 통찰을 제공합니다. 인류의 구성원들로 하여금 무한한 우주 앞에 겸손함과 더불어 생명에 경외감을 느끼게 합니다.

우주 과학이 일러주듯이 인류가 살고 있는 우주는 138억 년 전에 일어난 '빅뱅Big Bang, 대폭발'으로 팽창하기 시작했습니다. 지구를 비롯한 태양계는 그 팽창 과정에서 46억 년 전에 형성됐지요. 태양의 셋째 행성인 지구에 최초의 생명체가 출현한 것은 35억 년 전입니다.

다시 35억 년 남짓 지나 지금으로부터 20만 년 전에 마침내 현생 인류와 같은 종인 호모 사피엔스가 나타났습니다. 그러니까 지구가 만들어진 뒤 45억 9980만 년은 현생 인류가 없던 시기였습니다. 지상에 단 한 사람도 없는 지구, 상상해 보기 바랍니다. 바로 그것이 지구가 보낸 대부분의 시간이었습니다.

그럼 지구의 과거를 돌아볼까요? 지구의 역사 45억 년 가운데 지각이 생긴 38억 년 이후를 '지질 시대'로 구분합니다. 그 전까지 지구는 전체가 뜨거운 불덩이, 마그마의 바다였습니다.

시간이 흐르며 미행성체—태양계 초기에 지름 1~100km 정도의 천체들—의 충돌이 시나브로 줄어들고 그에 따라 '충돌 에너지'가 줄어들며 원시 지구는 표면부터 서서히 식어 갔지요. 그 과정에서 엄청 늘어난 수증기가 모여 큰 비를 쏟으면서 지구 표면을 바다가 잠식해 갔습니다.

지각 시대에 접어들면 지질의 구조를 통해 연구할 수 있습니다. 지금까지 발견된 화석에 근거하면, 생물계는 크게 네 시대로 나눌 수 있을 만큼 큰 변화를 보입니다.

지질 시대의 대부분을 차지하는 기간으로 단세포 생물만이 살았던 선캄브리아 시대, 어류·양서류와 함께 고사리 같은 양치식물이 번성했던 고생대, 공룡을 비롯한 파충류와 겉씨식물이 지배했던 중생대, 이윽고 포유동물이 퍼져 가고 마침내 인류가 등장한 신생대로 나눕니다.

포유류는 크게 늘어 현재 5500여 종이 살고 있는데 공통점이 있습니다. 먼저 목뼈입니다, 거의 모든 포유류의 목뼈는 일곱 개입니다. 목이 가장 긴 기린도, 목이 짧은 사람도 목뼈의 수가 같지요. 진화의 '증거'입니다. 목뼈의 낱개 길이가 서로 다를 뿐이에요. 암컷이 자기 몸속에서 새끼를 어느 정도 키운 뒤에 낳고, 태어나면 젖을 먹여 키웁니다. 몸 전체가 털로 덮여 있는 것도 공통점이지요.

포유류가 진화하면서 700만 년 전에 침팬지와 인간이 분화하기 전의 공통 조상이던 영장류는 눈이 얼굴 앞쪽에 자리해 입체적인 시각을 가졌으리라고 추정됩니다. 엄지손가락이 나머지 손가락들과 마주 보고 있어 물건을 감싸 쥘 수도 있었겠지요. 인류의 조상은 그에 더해 두 발로 서서 걸어가는 '직립 혁명'을 습득했습니다. 골반과 다리 구조도 두발 걸음에 적합하도록 변형되었지요.

우주의 역사에서 인류의 출현은 지극히 최근의 사건입니다. 이해하기 쉽게 지구의 역사가 하루라고 가정해 볼까요. 지구가 탄생한 시각을 0시라고 가정하면, 최초의 생물은 새벽 4시쯤 바다에서 태어났습니다.

하루가 다 지나갈 무렵인 저녁 9시 59분이 되어서야 육상 식물이 등장하지요. 이어 육상 동물이 출현하고, 공룡은 밤 11시쯤 지표를 쿵쾅쿵쾅 울리며 등장합니다. 그들이 멸종하고 최초의 인류가 등장한 것은 밤 11시 58분 43초입니다.

'인류의 시간' 700만 년은 채 100년을 살지 못하는 개개 인간의 생애에 견주면 기나긴 시간이지만, 빅뱅 우주의 역사 138억 년과 견주면 참으로 작은 시간입니다. 굳이 비율로 표기하면 0.0005의 순간700만/138억에 지나지 않지요. 물론, 한 인간의 삶은 더 짧아 0.000000007입니다100/138억.

인류가 걸어온 700만 년은 어떤 유물도 유적도 남아 있지 않은 시대, 짙은 어둠에 잠겨 캄캄한 시간이 대부분입니다. 역사학이 고고학, 지질학, 생물학과 함께 탐구해 가야 할 영역이지요.

현재까지 발견된 가장 오래된 '인류'의 화석은 400~500만 년 전 아프리카에서 살았던 '사람'입니다. 유인원과 현생 인류의 중간 형태이지요. 화석이 발견된 초기에는 인류로 인정받지 못했습니다. '아프리카 남쪽의 원숭이'라는 뜻인 '오스트랄로피테쿠스'로 이름을 붙인 까닭입니다.

하지만 화석을 촘촘히 살펴본 결과 뒤뚱뒤뚱 두 발로 걸을 수 있었고 송곳니도 원숭이와 달리 작고 덜 날카롭던 점에 주목한 인류학자들은 그를 '최초의 인류'로 평가하기 시작했습니다. 불완전하지만 직립함으로써 팔과 손이 훨씬 자유로워진 것은 획기적 진전임에 틀림없습니다.

그 다음 시기의 화석도 발견됐지요. 화석으로 미루어 오스트랄로피테쿠스보다 뇌의 크기가 크고 사물을 손에 꽉 쥘 수 있었습니다. 돌이나 동물의 뼈로 간단한 도구를 만들었기에 '호모 하빌리스 Homo habilis'로 명명했습니다. 하빌리스는 '손재주'라는 뜻으로 도구를 사용한 사실을 부각해 붙인 이름입니다.

손재주 있는 하빌리스는 도구를 사용하며 나뭇잎, 나뭇가지, 돌들로 집을 지을 수 있었지요. 직립으로 자유로워진 손으로 하는 노동이 인류와 동물을 가르기 시작한 거죠. 대단히 중요한 변화입니다.

하빌리스 뇌의 용량은 500~700ml로 오스트랄로피테쿠스보다 30% 정도 컸습니다. 우리의 직계 조상인 현생 인류와 견주면 절반도 안 되지만, 하빌리스의 두개골을 연구한 결과는 놀랍습니다. 해부학직으로나 신경학석으로 말을 할 수 있는 조건을 지니고 있었거든요. 말을 하는 데 중요한 구실을 하는 부위를 관찰하고 분석한 과학자들은 오스트랄로피테쿠스보다 더 또렷한 발성으로 간단한 정보를 전달할 수 있었다고 추정했습니다.

선사 시대의 대표적 유물입니다. 구석기 시대에 누군가 손에 들고 애용했을 '주먹 도끼'이지요. 나무를 다듬고, 짐승 가죽을 벗기고, 고기를 발라내는 데 썼습니다. 세계사는 유장하게 흘러 지금 현대인들 손에는 스마트폰이 있습니다. 사진은 경기도 연천군 전곡읍의 한탄강 가까운 구석기 유적지에서 출토된 주먹 도끼들입니다. ©국립중앙박물관

  하빌리스 또한 직립은 했더라도 똑바로 걷지는 못했는데요. 다시 200만 년이 흘러 현대 인류와 거의 비슷하게 곧추선 자세로 걸어가는 '호모 에렉투스Homo erectus'가 등장했습니다. 주먹 도끼손도끼를 비롯해 사용하는 도구가 크게 늘어났지요.

  하빌리스가 지녔던 언어 능력도 한층 발전했습니다. 뇌 용량도 850~1200ml로 커졌습니다. 손노동을 하고 말을 나누면서 두뇌 능력이 높아졌겠지요. 손노동은 말의 역량을, 말은 손노동의 역량을 키워 줬을 터입니다.

무엇보다 불을 쓸 줄 알았습니다. 불을 이용함으로써 인류는 맹수로부터 훨씬 더 자신을 잘 방어할 수 있었을 뿐만 아니라 추위도 이겨 낼 수 있었지요. 아프리카를 벗어나 아시아와 유럽으로 생활 영역이 넓어졌습니다. 불 덕분에 겨울에도 이동하게 되면서 좀 더 멀리 갈 수 있었거든요. 자바 원인, 베이징 원인, 하이델베르크인이 그들입니다.

인류의 뇌가 점점 커져 갈 수 있던 밑절미는 신체적 조건이었습니다. 직립하면서 인류는 다른 동물과 달리 척추가 두뇌를 떠받칠 수 있었지요. 불의 발견 또한 뇌가 커지는 원인이 되었습니다. 불에 익혀, 먹을 것이 부드러워지면서 기나긴 세월 질긴 고기 따위를 먹느라 두뇌 둘레를 고무줄처럼 죄어 왔던 얼굴 근육이 시나브로 줄어든 거죠. 그 때문에 두뇌가 서서히 커질 수 있었습니다.

꽃 무덤 만든 선사 시대인

다시 150만 년이 더 흘러 지금으로부터 40만 년 전에 이르러 호모 사피엔스Homo sapiens, 곧 슬기로운 사람이 등장했습니다. 호모 사피엔스는 동물의 가죽을 벗겨 내 옷을 만들어 입었고, 동굴에 거주하며 나무와 돌로 돌칼, 돌송곳, 돌창을 비롯해 사뭇 정교한 도구를 만들었습니다.

죽은 사람을 매장하며 장례를 치른 흔적도 눈길을 모읍니다. 더러는 시신에 채색까지 했습니다. 죽음을 의식하며 살았다는 뜻입니다. 빙하가 덮인 곳까지 삶의 무대를 넓혀 간 그들의 뇌 용량은 1200ml에서 1900ml까지 이르러 현생 인류평균 1400ml와 같거나 오히려 더 컸습니다. 1859년 독일의 한 계곡에서 발견되어 그 지명 이름을 딴 네안데르탈인은 호모 사피엔스의 일종, 또는 아종으로 추정됩니다. '아종亞種'은 종으로 독립할 만큼 차이가 크지 않다는 의미입니다.

선사 시대의 캄캄한 어둠 속에서 인류의 뿌리를 찾는 과정에 네안데르탈인의 운명은 학자들의 관심을 끌었습니다. 신체적 조건이 현생 인류보다 결코 뒤지지 않았고 뇌의 부피가 더 크거나 최소한 비슷했던 그들이 멸종했기 때문입니다.

네안데르탈인은 사냥 기술도 뛰어나 사슴이나 말은 물론 멧돼지, 들소, 코뿔소, 심지어 매머드까지 잡아먹은 흔적이 있거든요. 무덤에서 껴묻거리부장품와 함께 꽃가루도 나왔습니다. 죽음을 꽃으로 장식할 수 있었다는 뜻입니다.

4만 년 전에 등장한 우리의 직계 조상인 현생 인류, 학명으로 '호모 사피엔스 사피엔스Homo sapiens sapiens, 참 슬기로운 사람, 슬기롭고 슬기로운 사람'는 호모 에렉투스로부터 진화한 호모 사피엔스의 아종입니다.

진화의 과정에 대해 두 학설이 나와 있는데요. 하나는 '아프리카 기원설'입니다. 아시아에서 호모 에렉투스는 멸종되었고, 호모 사피엔스 사피엔스가 아프리카에서 출현해 퍼졌다고 봅니다. 또 하나의 학설은 '다지역설'입니다. 호모 사피엔스 사피엔스는 특정한 지역에서 출현해 확산된 것이 아니라, 호모 에렉투스가 살고 있던 세계의 여러 지역에서 동시다발적으로 등장했다고 추정합니다.

눈여겨볼 것은 현생 인류가 네안데르탈인과 5000여 년이나 공존하며 경쟁했다는 사실입니다. 20만 년 전부터 적어도 16만 년 내내 유럽과 서아시아에 퍼져 살았던 네안데르탈인은 현생 인류가 등장한 뒤 결국 멸종했습니다. 우리가 기록으로 알고 있는 '역사 시대'가 5000년 정도라는 사실에 비춰 보면, 두 인류의 공존은 아주 오래 지속된 거죠.

그래서입니다. 네안데르탈인의 멸종은 선사 시대 연구의 주요 쟁점이 되어 왔습니다. 연구 초기에는 호모 사피엔스 사피엔스가 전쟁을 통해 학살했고 노예로 삼았을 것이라는 추정이 힘을 얻었습니다. 유럽 백인들이 아시아, 아프리카, 폴리네시아의 많은 지역을 식민지로 삼으면서 숱한 선주민 종족을 실제로 멸종시켰기에 '설득력' 있게 다가왔지요.

하지만 초기 이후 연구 결과는 다릅니다. 현생 인류와 네안데르탈인 사이의 전쟁 가능성은 극히 드물었다는 거죠. 대규모 전투를 벌일 만한 인구가 없었으니까요. 수렵과 채집이 주된 경제 수단이던 시대이기에 가족 단위로 살았고, 평균 수명도 30세 남짓이었거든요.

현생 인류가 네안데르탈인을 멸종시킬 정도의 무력을 지녔다는 증거도, 대량 학살을 했다면 발견되어야 할 화석이나 살해 흔적도 나오지 않았습니다. 몸으로는 현생 인류보다 네안데르탈인이 더 다부져서 전투가 벌어졌더라도 밀리지 않았을 것으로 추정되기에 더 그렇습니다.

멸종을 새롭게 설명하는 여러 학설이 나왔는데요. 크게 기후 변화 가설과 경쟁 가설로 구분할 수 있습니다. 기후 가설은 네안데르탈인이 갑작스러운 기후 불안정에 적응하지 못해 멸종했다고 봅니다. 현생 인류보다 몸이 큰 네안데르탈인은 그만큼 에너지 필요량도 높아 기후 변화에 적응하기가 불리했다는 거죠.

경쟁 가설은 생태적 지위가 같은 두 종은 공존할 수 없기에 현생 인류가 오랜 경쟁에서 네안데르탈인을 이겼다고 설명합니다. 손에 무기를 들고 사냥하는 네안데르탈인보다 던질 수 있는 무기를 만든 현생 인류가 먹거리 확보에 유리했다는 거죠. 두 가설을 종합한 학설도 있습니다. 기후 변화와 새로운 능력을 갖춘 현생 인류의 출현이 덧셈 효과를 내 네안데르탈인이 멸종했다는 풀이입니다.

현생 인류는 함께 일할 수 있는 능력을 개발해 빙하기를 더 잘 견뎠다는 최근의 해석도 경청할 만합니다. 두 '인류'의 운명을 가른 것이 가족의 범위였다는 인류학자들의 주장이 그것인데요. 네안데르탈인에게는 직계 가족만 중요했고 그 외는 모두 적이었으며, 심지어 먹잇감이었다고 합니다.

2010년 에스파냐의 동굴에서 네안데르탈인 가족 6명의 뼈를 발견했는데요. 다른 네안데르탈인이 이들을 살해하고 식육한 흔적이 드러났습니다. 한편 현생 인류는 가족의 범위가 더 넓었습니다. 지금까지 발견된 유골을 분석한 결과로 보면 네안데르탈인과 현생 인류의 연령대는 확연히 차이가 납니다. 현생 인류는 네안데르탈인에 비해 30세 이상 나이 든 성인 비율이 다섯 배나 높습니다. 할아버지와 할머니가 가족의 구성원이 되어 손자들을 돌봐 줄 뿐 아니라 삶에서 얻은 지혜를 젊은 세대에게 전해 줄 수 있었습니다. 그 결과 생활의 '정보'와 지식이 세대로 이어지며 수명도 늘어났고, 인구도 증가하면서 마을 단위의 사회를 만들어 나갔습니다.

사람들이 함께 모여 사는 범위가 가족을 넘어 확대되면서 분업과 협동이 이뤄짐으로써 현생 인류는 양적으로나 질적으로 모두 괄목할 발전을 했습니다. 맹수를 사냥하는 사람, 무기와 도구를 만드는 사람, 어린이를 키우는 사람들로 일을 나눴고, 먹거리를 더 체계적이고 효율적으로 확보하면서 현생 인류의 개체 수가 빠르게 늘어났다는 설명입니다.

현생 인류가 역사의 무대에 오른 이유

무엇보다 현생 인류는 손으로 노동하는 능력이 뛰어났습니다.

과학자들은 인간의 지능 발달을 진화의 결정적 요인으로 꼽아 왔는데요. 여기서 관건은 두뇌의 발달이 어떻게 가능했느냐에 있겠지요. 대다수 학자들은 인류가 직립해 두 발로 걸어 다님으로써 자유로워진 손을 적극 활용해 노동했기 때문이라고 풀이합니다.

현생 인류^{이하 인류}는 석기를 정교하게 만들어 사용했고 짐승의 뼈나 뿔, 코끼리의 상아로도 도구를 만들었지요. 유적지에서는 뼈바늘과 장신구도 발견되었습니다. 옷을 만들어 입고 몸을 꾸미는 데 관심이 높았던 것으로 추정됩니다. 자신의 감정을 표현한 예술품을 만들기도 했지요.

우주의 역사에서 '인간 시대'가 지극히 짧음에도 자신만의 눈부신 문명을 일궈 낸 힘이 어디서 왔는지 명확하게 이해하고 가죠. 인류를 다른 동물과 구분하는 결정적 차이는 노동과 말언어입니다. 260만 년 전에 손노동으로 석기를 쓰기 시작하면서 인류의 뇌는 원숭이의 두 배로 확장했습니다. 아울러 인류는 유일하게 말을 할 수 있는 동물이지요.

말은 인류에게 일어난 첫 미디어 혁명입니다. 언어 혁명으로 불리는데요. 통상 200만 년 전에 말을 시작한 것으로 추정합니다. 말은 석기나 다른 유물과 유적처럼 흔적을 남기는 것이 아니기 때문에 인류가 언제 말을 시작했는지 알려 주는 직접적 증거는 없습니다. 학자들은 200만 년 전 인류가 만든 석기의 제작 수법에 일정한 '전통'이 이어지고 있는 사실을 주목했습니다. 말을 통해 제작 기법이 전달되었으리라 추론할 수 있는 거죠.

하지만 석기를 만들려면 먼저 마음속에 어떻게 만들겠다는 '계획'을 세워야 합니다. 그래서 어떤 학자들은 말의 발생을 석기 제작 이전인 500만~600만 년 전으로 추정합니다.

더러는 인류와 다른 동물의 차이를 불에서 찾기도 합니다. 실제로 불을 사용하는 동물은 인류뿐이거든요. 다만 그 경우에도 불을 계획적으로 사용하게 된 것은 말이라는 미디어가 있었기 때문으로 추정합니다.

우리가 일상생활에서 애완동물을 키워 보면 인류가 말을 한다는 것이 얼마나 신비롭고 혁명적인가를 곧장 실감할 수 있습니다. 물론 동물도 소리로 소통을 합니다. 하지만 동물이 내는 소리는 생존에 필요한 지극히 제한적인 정보만 주고받을 수 있습니다. 어미에게 먹이를 달라는 소리, 상대에게 적대감이 없다는 '인사' 소리, 자신이 속한 무리가 보이지 않을 때 '거리 확인' 소리, 위협이 다가올 때 '경고 소리'들이 그것이지요.

그렇다면 인류는 어떻게 단순한 외마디가 아닌 말을 할 수 있게 되었을까요? 직립 보행과 직접적으로 연관되어 있습니다. 직립을 통해 두 손이 자유로웠고 그 결과 더는 입으로 물건을 옮기지 않아도 되었거든요. 말을 통해 인류는 과거와는 질적으로 다른 삶을 살아갈 수 있었습니다. 말은 인류에게 최초의 미디어 혁명이었습니다.

알제리 타실리나제르 암벽화. 신석기 시대에 그려진 벽화로 가축을 기르고 수렵 활동을 하는 사람들의 모습이 생생하게 그려져 있습니다.

　인류가 살아가려면 기본적으로 식량과 물, 집, 옷이 필요한데요. 그것을 확보하는 과정에서 다른 사람들과 사회적 상호작용이 필요하다는 사실을 깨우쳐 갔지요. 수렵과 채집 과정에서 소통은 중요했습니다.

　가령 사냥과 채집 과정에서 더 활발하고 세밀한 소통을 위해 말이 점점 늘어났겠지요. 말은 인간의 이해력을 높이면서 새로운 혁명을 일궈 냈습니다. 신석기 혁명과 농업 혁명이 그것입니다.

　1만 년 전에 빙하기가 끝나고 기온이 따뜻해지면서 인류는 새로운 시대를 열었습니다. 종래의 구석기 시대까지 자연 그대로의 식물이나 동물을 채집, 사냥해서 먹을 것을 얻었던 인류는 신석기 시대부터 자신의 노동으로 먹을 것을 생산하는 혁명적인 변화를 이룹니다. 인간이 자연을 적극적으로 이용해 생산하는 단계로 발전했다는 의미에서 '농업 혁명'으로 부르지요.

인류는 농사에 유리한 장소에 정착해서 농경과 함께 목축을 시작했습니다. 사냥할 대상으로만 여겼던 동물을 가축으로 기르며 그 범위를 점점 넓혀 갔습니다. 목축의 시작이지요.

농업 혁명으로 생산력이 크게 높아지면서 신석기 시대 사람들은 마을을 중심으로 공동으로 일하고 생산물을 공평하게 분배하면서 나름대로 여유로운 생활을 할 수 있었습니다. 음식물을 저장해 둘 토기도 만들었지요. 빗살무늬 토기의 밑바닥 모양이 뾰족한 까닭입니다. 땅에 묻어 두기 위해서이죠.

안정적으로 농사를 짓고, 가축을 기르면서 여유를 찾은 인류는 조금씩 자신을 성찰해 갑니다. 농사를 지으면서 땅에 감사하는 마음이 생겨났고요. 가뭄이나 홍수에 대한 두려움은 비를 내리는 하늘에 대한 경외감으로 이어졌지요. 그렇게 신석기 시대 인류에게 종교적 신앙이 싹틉니다. 인류는 자신들의 힘으로 감당하기 어려운 문제를 자연에 의존하거나 도움을 받아 풀고 싶어 했습니다.

신석기 시대 인류의 종교는 애니미즘, 토테미즘, 샤머니즘으로 구분할 수 있습니다. 애니미즘은 '만유정령설'이라고도 하는데요.

라틴어 '아니마'정령 또는 영혼에서 나온 말이지요. 모든 만물이나 자연 현상에는 정령이 있다고 보며 이를 숭배하는 신앙입니다.

토테미즘은 자신이 몸담고 있는 집단과 관련이 깊은 동물이나 식물을 숭배하는 종교입니다. 북아메리카 선주민들이 특정 동물이나 식물을 신성시하여 자신이 속해 있는 집단과 특수한 관계가 있다고 믿으며 그 동식물을 '토템'으로 부른 데서 비롯했지요. 그들에게 주요 토템은 독수리·수달·곰·메기·떡갈나무 들이었습니다.

샤머니즘은 초자연적 신령과 접속함으로써 불행을 막거나 병을 치료하려는 종교입니다. 시베리아의 퉁구스어로 '망아 상태에서 지식을 얻는 종교적 능력자'를 '사만'으로 불렀는데요.

북아시아의 샤머니즘이 가장 고전적이고 전형적이지만 지역에 따라 여러 형태가 있습니다. 더러 샤먼은 '반란자'로서 억압당하고 있던 사람들을 대변하기도 했습니다. 애니미즘이나 토테미즘, 샤머니즘은 서로 섞이면서 다양한 종교적 모습으로 나타났습니다.

인류의 문명은 농업 혁명과 신석기 혁명 이후 발전의 속도를 높여 갔습니다. 21세기의 정보 혁명 시대와는 비교할 수 없을 만큼 느렸지만, 적어도 인류가 걸어온 '캄캄한 과거'와 견주면 '급속도의 발전'이었습니다. 그 과정에서 언어는 사회적 노동을 더 효율적으로 이끌었고, 그 노동은 다시 말을 풍성하게 만들어 갔습니다.

노동과 언어가 수만 년에 걸쳐 인류의 삶에 녹아들면서 기원전 3000년께 청동기와 문자가 나타나고 마침내 문명이 탄생합니다.

지금까지 설명한 선사 시대, 그러니까 우주 빅뱅 뒤 인류가 출현하기까지의 역사를 간추리면 아래와 같습니다.

우주 빅뱅 이후 인류 출현과 문명의 탄생까지 기나긴 여정

시간	사건
138억 년 전	우주 대폭발
46억 년 전	지구 탄생
35억 년 전	최초의 생명 출현
10억 년 전	바다에 최초의 동물 출현
5억 년 전	바다에 척추동물, 땅에 식물 출현
4억 5000만 년 전	식물과 동물이 육지 대부분으로 확산
2억 800~6500만 년 전	공룡 시대
1억 4000만 년 전	태반 있는 포유류 출현
8500만 년 전	최초의 영장류 출현
6500만 년 전	공룡 멸종, 포유류의 크기와 다양성 증가
3500만 년 전	최초의 유인원 출현
700만 년 전	인류와 침팬지의 공통 조상에서 진화 시작
440만 년 전	직립 보행하는 영장류 출현
260만 년 전	돌로 만든 도구 등장, 인류의 뇌가 원숭이 2배로 확장
200만~150만 년 전	말 혁명(언어 혁명)
150만 년 전	아프리카에서 불 흔적 발견, 50만 년 전부터 불 사용 보편화
20~3만 년 전	네안데르탈인 유럽과 서아시아에서 번성
3만~4만 년 전	호모 사피엔스 사피엔스 출현
3민 넌 진	네안데르달인 멸공
2만 7000년 전~현재	현생 인류 지구 전체로 퍼져 정착
1만 년 전	신석기 혁명, 농업 혁명, 목축 시작
5000년 전(기원전 3000년)	글 혁명(문자 혁명). 세계 4대 문명 형성

출처: 『10대와 통하는 과학 이야기』에서 인류 문명을 포함해 재구성

빅 히스토리가 전하는
우주와 인류의 진실

여러분이 인류의 한 사람으로 지금 살고 있는 현실은 138억 년의 시간과 공간을 가로질러 발생한 역사의 결과물입니다. 우주, 지구, 생명, 인류라는 네 영역의 결합으로 과학과 인문학을 엮은 이야기가 빅 히스토리이지요.

현대 과학자들이 밝혀냈듯이 우주에 존재하는 모든 것은 같은 기원에서 출발했습니다. 여러분에게 생명을 준 조상들을 거슬러 올라가면 생명의 출현에서 별들로, 다시 태초의 불덩어리에 이르거든요.

우주와 인류 역사의 관계에 대해 일찍이 철학자 파스칼은 "무한한 공간의 영원한 침묵이 나를 두렵게 한다"고 고백했지요. 과학자 칼 세이건은 우주선이 실시간으로 보내 온 지구 사진에서 캄캄한 화면 속의 아주 작은 '창백한 푸른 점'을 가리키며 "이 빛나는 점을 보라. 이것은 바로 여기, 우리 집, 우리 자신"이라고 외쳤습니다. 우리가 사랑하는 사람, 아는 사람, 소문으로 들었던 사람, 그 모든 사람은 그 푸른 점 위에 있거나 또는 있었다며 "우리의 기쁨과 슬픔, 숭상받는 수천의 종교, 이데올로기, 경제이론, 사냥꾼과 약탈자, 영웅과 겁쟁이, 문명의 창조자와 파괴자… 성자와 죄인 등 인류의 역사에서 그 모든 것의 총합이 여기에, 이 햇빛 속에 떠도는 먼지와 같은 작은 천체에 살았던 것"이라고 덧붙였어요.

창백하게, 희미한 푸른빛으로 우주에 떠 있는 지구를 바라본 세이건은 세계사에 대해서도 우주 과학자의 성찰이 돋보이는 글을 남겼습니다.

"지구는 광대한 우주의 무대 속에서 하나의 극히 작은 무대에 지나지 않는다. 이 조그마한 점의 한 구석의 일시적 지배자가 되려고 장군이나 황제들이 흐르게 했던 유혈의 강을 생각해 보라. 또 이 점의 어느 한 구석의 주민들이 거의 구별할 수 없는 다른 한 구석의 주민들에게 자행했던 무수한 잔인한 행위들, 그들은 얼마나 빈번하게 오해를 했고, 서로 죽이려고 얼마나 날뛰고, 얼마나 지독하게 미워했던가 생각해 보라."

우주선이 촬영해 보내 온 지구, 어둠에 둘러싸인 작은 먼지 알갱이처럼 보이는 지구를 보면서 20세기 과학자는 우리의 거만함, 스스로의 중요성에 대한 과신, 우리가 우주에서 어떤 우월한 위치에 있다는 망상이 이 엷게 빛나는 점의 모습에서 도전을 받게 되었다고 토로했습니다. 그의 말처럼 우리는 인류와 세계사의 초라함이나 허무감에 사로잡힐 수 있습니다.

하지만 바로 그 순간에 파스칼이 인간의 존엄성에 눈뜨며 남긴 글을 떠올려 보기 바랍니다. "인간은 생각하는 갈대다"라는 말로 잘 알려진 파스칼은 우주가 인간을 으스러뜨리려면 "한 줌의 증기, 한 방울의 물로 충분"하지만 인간이 우주보다 고귀하다고 주장합니다. 인간은 자신이 죽는다는 것을 알고, 우주가 그보다 유리한 위치에 있다는 걸 알지만, 우주는 이에 대해 아무것도 모르기 때문이라는 거죠. 그래서 '생각하는 갈대'가 궁극적으로 이야기하고 싶은 것은 인간의 존엄성입니다. 차지하고 있는 공간으로만 본다면 "우주는 나를 하나의 원자처럼 포괄하고 집어삼킬" 수 있지만 "생각함으로써 나는 세계를 포괄"합니다.

생각하는 사람, 바로 그 사람들이 인간의 존엄성과 인류의 역사를 아름답게 가꾸어 왔습니다. 세계사를 생각하는 청소년도 지금 막 그 길에 들어서고 있는 거죠.

산마루2

인류는 어떻게
말을 하게 되었을까?

인간의 첫 미디어인 말은 초기 인류의 삶을 혁명적으로 바꿨습니다. 사람들이 아무도 말을 못할 때 지금 우리가 살고 있는 사회가 어떻게 될까를 가상해 보면 언어 혁명의 의미를 단숨에 파악할 수 있겠지요. 아예 사회가 성립조차 될 수 없었을 터입니다.

그렇다면 인류는 어떻게 동물 수준의 단순한 소리를 넘어 말하기 시작했을까요? 인간만의 독특한 현상인 언어를 두고 많은 이들이 오래전부터 관심을 기울였습니다. 기독교가 지배해 온 서양 문화에서는 인간이 말을 하게 된 원인을 '신의 은총'에서 찾았습니다. 그만큼 언어 현상이 신비롭게 다가왔다는 뜻이기도 하지요.

기독교 성서에 따르면 말은 신이 인간에게 준 선물로 이 세상이 시작될 때 함께 등장했습니다. 창조주인 신은 세상의 모든 들짐승과 새들을 만들며 그가 창조한 첫 인간인 아담에게 이름을 붙이게 합니다. '바벨탑' 이야기도 흥미로운데요. 인류가 쓰는 말이 지금처럼 여러 개로 나누어진 원인을 풀이합니다. 인간이 자신의 힘을 과시하려고 하늘에 닿을 만큼 높은 탑을 지으려고 하자 신이 노했다고 하죠. 인간의 오만함을 벌하려고 서로 말을 알아듣지 못하게 했다는 겁니다. 결국 탑을 끝까지 쌓지 못한 채 인간들은 서로 다른 언어를 갖고 세상에 흩어졌다고 주장합니다.

21세기 현재 인간의 언어는 5000여 종류로 추산됩니다. 가장 많이 쓰는 언어는 영어가 아니라 중국어인데요. 인구가 많기 때문이지요.

언어학자들은 말의 기원에 관한 여러 가설을 제기했는데요. 자연의 소리를 흉내 낸 의성어에서 기원했다는 학설, 놀라움이나 기쁨 같은 느낌에서 저절로 우러나오는 감탄에서 기원한다는 학설, 함께 노동하면서 지른 노래나 소리에서 비롯했다는 학설이 있습니다.

자연과학이 발달하며 창조론이 서서히 폐기되고 진화론이 자리 잡으며 언어 또한 진화의 관점에서 접근하기 시작했습니다. 인류가 직립 보행을 시작하며 뇌의 용적이 커지고 여러 목소리를 내기 위한 발성 기관이 발달했다고 설명합니다. 그 결과 다른 동물들과는 달리 고도로 발달된 음성으로 의사소통이 가능하게 되었다는 거죠.

많은 언어학자들이 지금도 인간의 언어를 연구하면 할수록 신비롭다고 감탄합니다. 이를테면 지능이 발달하지 않았을 유아기에 그것도 짧은 시일에 언어를 습득하는 모습은 인간이 언어 습득의 선천적인 능력을 가지고 태어난다고 볼 수밖에 없다는 거죠. 거미가 거미줄을 치는 것이 본능에 의한 것이듯, 인간이 언어를 전개하는 것이 본능이라고 주장하는 학자도 있습니다.

인간의 첫 미디어 혁명인 말은 오랜 세월에 걸쳐 인류의 삶을 동물과 다르게 만들었는데요. 이윽고 또 다른 미디어 혁명이 본격적인 문명 시대를 열어 갑니다. 바로 글, 문자이지요.

세대

문자 혁명과
신분제 사회

2

기원전 3000년, 그러니까 지금으로부터 5000년 전에 문자가 나타나면서 인류는 기나긴 선사 시대를 벗어나 새로운 길로 들어섭니다. 문자가 있어야 기록으로서의 역사가 가능하기에 글은 선사 시대에서 역사 시대로 전환하는 결정적 이정표입니다.

오늘날 우리가 일상에서 당연하게 누리고 있는 문자 생활은 수백만 년 내내 말로만 소통해 왔던 인류에게 혁명적 전환이었습니다. 말은 기본적으로 소리이기 때문에 가까이 있는 사람에게 들리다가 곧 사라집니다. 영향력에 한계가 뚜렷했지요.

하지만 글은 말을 '보관'할 수 있습니다. 문자의 발명으로 인류는 비로소 지혜의 '저장'이 가능해진 겁니다. 깊이 있는 생각을 글로 전할 수 있었고, 거꾸로 글을 통해 생각을 깊이 있게 펼칠 수도 있게 되었지요.

문명의 출현은 세계사의 대전환이었습니다. 다만 긍정적 의미와 함께 부정적 현상을 균형감 있게 바라보아야 합니다. 문자의 확산은 문명의 토대가 되었지만, 동시에 문자를 아는 사람과 모르는 사람 사이에 큰 골을 팠거든요. 세계사가 생생히 입증해 주듯이 문명이 탄생한 곳에선 어디서든 일부 개인이나 혈통이 특권을 갖는 현상이 나타났습니다.

특권을 가진 소수는 스스로 일^{노동}하지 않기 시작했습니다. 일하지 않고도 먹고살 수 있는 방법은 단 하나입니다. 다른 사람들이 땀 흘린 노동에 기생하는 거죠. 바로 계급의 출현, 계급의 분화입니다.

소수는 자신들이 지닌 특권을 유지하고 강화해 갈 방안을 찾았습니다. 특권과 지배 체제를 외부에서 위협할 세력을 막을 병사들과 내부의 위계질서를 지킬 조직을 만들었지요. 군대와 경찰이라는 국가 기구가 초기 형태로 세계사에 첫선을 보인 거죠.

문자·청동기의 4대 문명 탄생

세계 4대 문명의 발상지로 역사가들은 티그리스·유프라테스강 사이의 기름진 땅을 무대로 꽃핀 메소포타미아 문명, 아프리카 나일강 유역의 이집트 문명, 인더스강의 인더스 문명, 동아시아 황허강 유역의 황허 문명을 꼽습니다. 4대 문명 모두 고유의 문자를 지넜고 청동기를 사용했습니다.

문명이 큰 강 유역에서 일어난 까닭은 누구나 짐작할 수 있습니다. 사람들의 '밥'을 해결할 농사를 지으려면 넓은 땅과 곡식이 자라는 데 두루 필요한 물이 있어야 합니다. 큰 강의 하류에는 넓은 평야가 퇴적되어 나타나게 마련입니다.

문명이 싹튼 시기에 네 곳 모두 농사에 적절한 흙과 기후를 고루 갖추었습니다. 사람들이 오가기도 편리했지요. 4대 문명 모두 문자와 청동기를 지녔습니다. 가장 먼저 발생한 메소포타미아 문명부터 짚어 볼까요.

티그리스강과 유프라테스강 사이에 있는 메소포타미아'두 강 사이의 땅'이라는 뜻는 농사에 좋은 조건을 모두 갖추고 있었습니다. 두 강이 수천 년에 걸쳐 범람을 거듭하며 만들어 놓은 기름진 땅에 수메르인들이 들어와 살기 시작한 것은 기원전 3500년께입니다.

사람들은 강에서 가족과 가축이 마실 물을 얻었고 강물을 끌어들여 농사를 시작했습니다. 그런데 강에서 물길을 만들어 농사짓는 곳까지 끌어오기란 지금도 쉬운 일이 아닙니다. 많은 사람이 힘을 모아야 가능하지요. 홍수를 막기 위해서도 협력이 필수적입니다. 관개 사업을 비롯해 강을 관리하는 과정에서 누군가가 지도자로 나섰겠지요.

긴 물길을 내어 안정된 식량 생산이 이뤄지자 더 많은 사람들이 모여들었습니다. 마을은 점점 도시로 발전해 갔지요. 이를 인류학과 고고학에선 '도시 혁명urban revolution'이라 부릅니다. '친족 관계에 기반을 둔 농경 촌락이 복잡하고 문명화된 대규모의 도시 중심지로 바뀌는 과정'을 이르지요.

역사학자들은 잉여 식량—사람들이 먹고 사는 분량보다 더 많이 생산되어 남는 식량—을 도시 혁명의 선결 조건으로 보고 있습니다. 식량의 잉여 생산이 있었기에 사회적 관리 기구를 만들 수 있었지요. 사회적 관리 기구들을 유지하기 위해서도 잉여 생산은 필요했습니다. 도시 혁명 과정에서 잉여 식량을 관리하는 기구가 등장하자 경제력이 그 기구로 집중되는 현상이 나타났지요.

한편으로 청동기가 퍼져 가는 과정도 사회적 변화를 불러왔습니다. 석기 시대와 달리 구리에 주석을 섞어 청동을 만드는 기술은 그 시대로서는 '첨단 기술'이었거든요. 청동기를 만들거나 그것을 지닌 사람은 다른 이들보다 우월한 위치에 올랐지요. 그들이 정치적 활동과 종교적 의례를 도맡고 문자를 사용하면서 지배 계급으로 자리 잡아 갔습니다.

결국 관개 사업과 청동기, 문자는 도시 국가를 형성함과 동시에 신분 제도의 계급 사회를 낳았습니다. 지도자와 문자의 결합으로 초보적이나마 행정 체계 또는 명령 체계를 갖춤으로써 민중들의 노동을 효율적으로 조직하고 관리할 수 있었지요.

민중들의 생산력이 높아 가면서 잉여 식량을 더 많이 생산할 수 있었습니다. 지배 세력은 자신들의 지위를 유지하고 강화해 가기 위해 도시에 성벽을 쌓기 시작했지요.

점차 다른 지역들과 교역도 이뤄지면서 문명은 빠르게 성장해 갔습니다. 성벽을 쌓고 대규모 관개 시설을 만들어 토지를 관리하려면 정확한 측량 기술이 필요했겠지요. 60진법과 같은 셈법이 창안되었고 효율적인 운송을 위해 바퀴와 돛을 발명했습니다. 가뭄과 홍수를 예측하려는 노력은 천문학에 대한 관심으로 이어졌지요. 상업이 퍼지며 영수증, 어음, 신용장을 도입했는데요. 그 결과 상업 발달을 가속화했습니다.

잉여 식량이 늘어나자 농사를 짓지 않아도 먹고살 수 있는 사람들이 점점 늘어났습니다. 청동으로 무기를 만드는 사람, 전쟁을 담당하는 군인들, 상업 활동에 나선 이들은 모두 잉여 식량에 기반하고 있었습니다.

사람들이 모여 사는 도시에 그들을 통솔하며 지배하는 왕과 신을 모시는 사제가 등장했습니다. 왕과 사제, 군인들이 경제력과 권력을 독차지하고 다른 사람들을 지배하면서 도시는 점차 국가의 형태를 갖추어 갔습니다.

기원전 3200년께부터 메소포타미아에 도시 국가들이 성장해 갔습니다. 도시 국가 통치자들은 관개 사업을 위해 서로 손을 잡기도 했지만, 다른 도시의 재산을 탐내 침략 전쟁을 일으키기도 했는데요. 수메르인들이 보석으로 귀하게 여긴 청금석이나 건축 재료인 진흙을 서로 차지하겠다고 벌인 전쟁들이 그런 사례입니다.

청동제 무기와 '신'의 뜻을 앞세운 전쟁을 통해, 작은 도시는 점점 큰 도시에 통합되어 갔습니다. 인구가 늘어나고 도시 규모가 커지면서 영토를 둘러싼 도시 국가들 사이에 전쟁이 잦아졌는데요. 전쟁의 승패는 사람들의 신분을 갈랐습니다. 포로가 된 사람들은 노예가 되었거든요. 반면에 몇몇 도시 국가를 통합한 지도자는 왕권을 강화하며 군림하기 시작했습니다. 그 왕들 사이에도 전쟁은 끊임없이 이어졌지요.

두 강이 흘러드는 지역에 자리 잡은 도시 '우르'는 기원전 3000년께에 이미 주변 도시를 통합한 도시 국가였습니다. 우르 왕의 무덤에서 나무판에 유리와 조개껍데기로 장식한 유물이 발견되었는데요. 전쟁의 승자와 패자가 모두 담긴 작품입니다.

그림 맨 위쪽에선 왕과 귀족들이 승리를 자축하며 술잔을 들고 있습니다. 그 아래에는 전쟁에서 얻은 전리품들이 들어오고요. 커다란 소와 숫양을 끌고 오는 사람, 지배자들에게 바칠 선물을 등에 진 노예들이 보입니다. 무덤에서 발견된 또 다른 그림에선 바퀴 달린 전차를 모는 지휘관, 행진하는 병사들, 끌려가는 포로들이 담겼습니다.

우르 왕국은 정복 사업을 마치고 나라를 안정시키는 정책을 폈습니다. 자와 저울을 통일해 경제 질서를 세우는 한편 학교도 문을 열었지요. 남무 왕 시대에는 전성기를 맞아 문학이 발달하고 백과사전까지 편찬했습니다.

인류 문명 초기 메소포타미아 지역의 우르 왕 무덤 벽화입니다. 5000년 전인데도 이미 지배자와 민중, 노예들의 삶이 뚜렷하게 나눠져 있습니다.

우르 왕국에서 눈길을 끄는 대목은 가난한 사람들이 부자에게 팔려가지 않도록 돕는 정책입니다. 빈부 차이로 억울한 사람들이 생기지 않도록 하는 정책적 배려가 문명 초기부터 있었음을 뜻하고, 다른 한편으로는 그만큼 이미 빈부 차이가 뚜렷했고 인신매매가 자행되고 있었다는 방증이기도 하지요. 남무 왕이 만든 법전은 함무라비 법전보다 앞섰습니다.

그런데 더 큰 권력, 더 많은 부를 누리고 싶은 지배 세력들의 탐욕은 멈출 줄을 몰랐습니다. 왕의 통제권이 약해지자 여러 도시 국가들 사이에 다시 경쟁과 전쟁이 벌어집니다. 결국 우르 왕국의 패권도 오래가지 못했지요.

여러 나라들로 갈라졌다가 기원전 18세기에 다시 통합을 이룹니다. 바빌로니아의 함무라비 왕재위 기원전 1792~1750이 바빌론을 중심으로 메소포타미아 모든 지역을 제압했지요. 함무라비는 정복지에 총독을 파견하며 중앙 집권 체제를 완성했습니다. 운하를 파고 도로를 정비해 무역도 활발하게 일어났지요. 그때까지 전해 오던 법전을 모아 '함무라비 법전'을 제정하고 공용어를 통해 정치적·문화적 통합을 이뤘습니다.

함무라비는 법전을 돌비석에 새겨 공표했는데요. 흔히 함무라비 법전은 "사람 뼈를 부러뜨렸을 때는 그 사람 뼈도 부러뜨린다"에서 나타나듯이 '눈에는 눈 이에는 이'의 원칙으로 알려져 있지요. 법전이 새겨진 돌비석 윗부분에 뿔 모양의 모자를 쓰고 왕좌에 앉은 이는 태양신입니다. 그 앞에 사뭇 공손하게 서 있는 함무라비 왕에게 칼을 주는 장면과 함께 다음과 같은 글을 새겼습니다.

"태양신이 세상에 빛을 준 것처럼 백성의 행복을 위해 이 세상에 정의를 주노라. 그리하여 강자가 약자를 못살게 굴지 않도록, 홀어미와 고아가 굶주리지 않도록, 백성이 관리에게 시달리지 않도록 하라."

우리는 여기서 지배 세력이 자신의 통치를 어떻게 정당화하는가를 볼 수 있습니다. 강자가 약자를 못살게 굴지 않도록 해야 한다는 정의의 원칙이 이미 정립되었다는 사실도 확인할 수 있지요. 다만 법전을 자세히 살펴보면 이미 자유인과 노예로 신분이 나눠져 계급 사회가 형성됐음을 알 수 있습니다. 가령 "자유인의 눈을 뺀 자는 그 눈을 뺀다"는 조문과 "노예가 자유인의 뺨을 때리면 그의 귀를 자른다"는 조문에서 우리는 자유인과 노예의 신분이 존재했을 뿐만 아니라 '눈에는 눈, 이에는 이' 또한 차별적으로 적용했음을 파악할 수 있지요.

신분제 계급 사회의 등장

"옛날 옛적에 지위가 낮은 작은 신들은 노동을 하고, 지위가 높은 큰 신들은 그들의 일을 지켜보며 편히 살고 있었습니다."

수메르 신화입니다. 신화는 메소포타미아 문명에서 신분제의 계급 사회가 구조화된 상황을 담고 있습니다. 마저 살펴 볼까요.

홍수를 막고 농사를 잘 짓기 위해 작은 신들은 강과 물길 밑바닥에 쌓인 진흙을 그때그때 파내야 했습니다. 자신들만 일하고 큰 신들은 놀고먹자 작은 신들 사이에서 불평과 불만이 높아 갔습니다. 마침내 작은 신들은 '웨이라'를 중심으로 큰 신들에게 반란을 일으켰지요. 지혜의 신 '엔키'가 반란을 일으킨 웨이라 신을 죽이고 그의 살과 피에 진흙을 섞어서 인간을 만들었습니다. 그렇게 태어난 인간은 신들 대신 물길을 파내고 밭을 갈아야 하는 의무를 떠안았답니다.

수메르의 인간 창조 신화는 신의 사랑으로 인간이 창조됐다는 식의 신화들과 사뭇 대조적입니다. 신들이 힘든 노동을 맡기 싫어 인간을 만들었다는 내용에서 우리는 초기 인류의 노동 의식을 엿볼 수 있습니다.

사람들 사이에 널리 퍼지고 세대를 이어 전해졌을 신화가 강조하는 것은 물길을 끌어들이는 노동이 힘들다는 사실이 아닙니다. 누군가는 먹을 것을 위해 땀 흘려 노동하고 누군가는 놀고먹는 상황에 대한 비판이 담겨 있지요.

더 눈여겨볼 대목은 인간을 무엇으로 만들었는가에 있습니다. 반란을 일으킨 신의 살과 피에 진흙을 섞은 것이 인간이라는 건데요. 인간에게는 지배자들이 강제하는 노동에 저항하는 유전자가 내장되어 있다는 뜻이 되겠지요. 계급 사회가 형성되면서 강제적 노동에 시달리던 민중들의 저항이 잦았음을 신화가 반영했다고 볼 수 있습니다.

반란을 일으킨 작은 신의 살과 피로 사람을 만들 때 섞은 진흙은 쐐기 문자의 탄생에도 기반이 됩니다. 진흙으로 판을 만들어 거기에 뾰족한 막대기로 새긴 것이 문자의 시작이었거든요.

간단한 기호들로 시작한 쐐기 문자는 오랜 시간을 거치며 표현이 풍부해졌습니다. 신화를 기록했을 뿐만 아니라 법률 조문과 문학 작품도 담아 냈습니다. 대표적인 작품이 수메르를 지배했던 왕 길가메시를 주인공으로 한 서사시입니다.

"길가메시여, 불가능한 것을 찾아 헤매고 있군요. 신들이 인간을 만들 때 생명은 그들이 차지하고 인간에게는 죽음을 점지했답니다. 그러니 길가메시여, 깨끗한 옷으로 갈아입고 좋은 음식으로 배를 채우고 하루하루를 즐기시오. 당신의 손을 잡고 재롱을 떠는 자식을 보고 당신의 품 안에 있는 아내와 행복을 누리시오."

서사시에 신들에 대한 저항감, 내세보다 현세를 중시하는 의지가 묻어나지요. 인간이 추구할 행복한 삶이 무엇인지도 그려 냈습니다.

함무라비 시절에 전성기를 맞은 바빌로니아 왕국의 힘도 영원할 수는 없었습니다. 히타이트의 침입을 받아 기원전 1500년께 멸망했지요. 히타이트는 소아시아 지역에서 발흥했는데요. 철기 시대의 막을 올리며 활발하게 정복 활동을 전개했습니다.

기원전 1200년께에는 히타이트의 세력도 약화합니다. 지중해 동부 연안 지역에서 페니키아인과 히브리인이 서로 경쟁하며 성장하기 시작했거든요.

먼저 페니키아 사람들부터 살펴보죠. 지중해와 흑해를 무대로 해상 무역에 나선 페니키아인들은 아프리카의 지중해 연안에 카르타고를 비롯해 여러 도시를 건설하며 상업 활동을 활발하게 했습니다. '오리엔트 문화'가 지중해 세계로 널리 퍼지는 계기가 되었는데요. '오리엔트'는 라틴어 '오리엔스'^{해가 떠오른다는 뜻}에서 유래했지요. 초기에는 메소포타미아와 이집트 지역의 문명을 의미했지만 나중에는 점차 확대되어 서양옥시덴트의 반대말로 정착했습니다. 페니키아 사람들이 사용하던 표음 문자는 그리스에 전해져 영어 알파벳의 기원이 됩니다.

히브리 사람들은 기원전 11세기께 여러 부족을 통합하고 예루살렘을 수도로 이스라엘 왕국을 세웠습니다. 다비드 왕과 솔로몬 왕 때 전성기를 맞았으나 곧이어 부족 사이의 대립으로 이스라엘과 유대, 두 왕국으로 갈라졌지요. 히브리인들이 창시한 유대교는 나중에 기독교와 이슬람교에 큰 영향을 주었습니다.

기원전 7세기 안팎에 이르면 서아시아 지역에 다시 강력한 왕국 아시리아가 등장합니다. 철제 무기와 전차로 무장한 기병을 앞세워 페니키아인과 히브리인의 왕국을 비롯해 서아시아 지역의 모든 나라들을 제압하며 제국을 이뤘습니다. 아시리아는 정복한 땅에 총독을 파견하고 군용 도로와 교역로를 정비해 중앙 집권 통치를 실시했지요. 왕립 도서관을 세우고 수많은 기록을 모아 학문 발전도 이끌었습니다.

하지만 중앙 집권이 지나쳐 피지배 민족을 강압적으로 통치하면서 문제가 일어납니다. 정복했던 땅 곳곳에서 민중들의 봉기가 일어나 결국 기원전 609년에 멸망했지요. 억압이 있는 곳에선 반드시 억압받는 사람들의 봉기가 일어나는 세계사의 '철칙'은 인간의 존엄성을 일깨워 줍니다.

지금까지 메소포타미아 문명의 성쇠를 살펴보았는데요. 이제 이집트 문명을 짚어 볼까요? 나일강 유역에서도 강이 범람하며 만든 기름진 땅에서 도시 국가들이 여럿 나타났습니다. 서로 갈등과 통합을 되풀이하다가 기원전 3000년께 메네스 왕이 통합했지요.

동서남북이 모두 트인 메소포타미아 문명과 달리 이집트 문명은 지형이 강과 바다로 둘러싸인 곳에서 형성되었기에 상대적으로 정치적 격변이 적었습니다. 멤피스를 수도로 삼은 고왕국 시대에 '파라오'로 불린 왕이 일찍부터 절대적 권위를 누렸지요.

이집트인들은 자신들만의 상형 문자를 썼는데요. 주로 비문이나 묘실에 조각되었기에 '신성 문자hierogryph'로 불립니다. 이집트에서 왕은 '살아 있는 신'으로 숭배되면서 정치 권력에 종교적 권위를 더한 신권 정치를 구현했습니다.

파라오의 권위와 직결되는 태양신을 주신으로 삼아 다신교를 믿었는데요. 파라오는 죽어서도 신으로 남는다고 생각했기에 왕이 죽은 뒤 머물 공간을 세웠습니다. 바로 피라미드입니다. 그러다 보니 기하학, 천문학, 측량술이 발달했지요. 십진법과 태양력도 고안했습니다.

지리적 이점으로 상대적 안정을 누렸던 이집트 왕국도 세계사가 확장되면서 서서히 외침에 시달리게 됩니다. 기원전 7세기에 아시리아의 침략을 거쳐 기원전 525년 페르시아 군대가 들어옵니다. 페르시아는 기존의 이집트 왕조를 무너트리고 새로운 왕조를 세웠지요.

페르시아는 기원전 8세기께 파르스 지역에서 10개의 부족을 통합하며 빠르게 세력을 형성해 갔습니다. 기원전 6세기 중엽에는 신바빌로니아를 정복하고 시리아와 페니키아, 팔레스타인까지 장악하며 대제국의 기틀을 마련했지요. 이어 기병과 궁병을 앞세워 리디아를 정복하고 이윽고 이집트까지 손에 넣어 서아시아 세계를 통합했습니다.

페르시아의 지배를 받으면서 이집트 문명은 메소포타미아 문명과 사실상 하나로 통합되어 갔지요. 세계 4대 문명 가운데 두 문명은 독자적으로 발생했지만, 인더스나 황허 문명과 달리 지리적으로 가까웠습니다.

페르시아의 전성기는 200여 년 동안 이어졌는데요. 무려 19차례의 정복 전쟁을 펼친 다리우스 1세는 드넓은 제국을 효율적으로 통치하기 위해 행정 조직을 정비했습니다. 우선 제국을 크고 작은 20개의 속주로 나누어 총독을 파견했습니다. 동시에 '왕의 눈', '왕의 귀'라고 불린 관리를 보내 총독을 감시했지요.

페르시아는 왕의 명령을 빨리 전달하고 세금과 공물을 효율적으로 거두기 위해 '왕의 길'을 건설했습니다. 주요 4대 도시를 연결하는 도로망을 갖춰 수도인 수사에서 소아시아의 사르데스까지 이어진 도로의 길이가 2683km에 이르렀는데요. 길 곳곳에 숙박소 111개와 관문 4개를 세웠습니다. 화폐와 도량형 통일에 이어 교역로와 역참 제도를 정비해서 경제 활동을 뒷받침해 주었습니다.

페르시아는 아시리아, 이집트는 물론 그리스까지 여러 민족의 문화를 융합하여 국제적인 문화를 발전시켰습니다. 피지배 민족들의 정치 체제, 종교, 관습을 존중하고 그들의 문화를 인정하는 정책을 폈는데요. 효과가 컸지요.

기실 피정복 민족들을 강압적으로 통제하거나 '페르시아화' 하려면 국력 소모가 불가피합니다. 하지만 포용 정책으로 오히려 정복 지역의 민중들이 지닌 다양한 재능과 자원을 활용할 수 있었습니다.

페르시아 밖에서도 문화와 물자가 몰려들면서 제국의 문화가 다채롭게 꽃필 수 있었지요. 특히 건축과 공예가 발달했습니다. 페르시아어를 쐐기 문자로 표기해 사용했지요. 페르시아는 기원전 6세기부터 조로아스터가 창시한 조로아스터교를 널리 믿었습니다. 유대교와 기독교에도 영향을 끼쳤지요.

페르시아 제국의 서쪽 바다가 에게해인데요. 지금의 터키와 그리스 사이의 바다입니다. 에게해의 연안과 섬을 중심으로 기원전 3000년께 해양 문명이 싹텄습니다. 선처럼 생긴 문자와 청동기를 사용했지요.

가장 큰 섬인 크레타에서 기원전 2000년께 전성기를 맞이했지요. 크레타 문명을 전설적인 왕의 이름을 따 미노스 문명이라고도 하는데요. 크노소스 궁전 터에서 발굴된 항아리들과 프레스코화에서는 밝고 생동감 넘치는 문화를 엿볼 수 있습니다.

크레타 문명은 해상 무역 활동을 통해 오리엔트 문명을 받아들여 발전했으나 예기치 못한 지진으로 큰 타격을 받았습니다. 끝내 기원전 14세기에 그리스 본토에서 넘어온 미케네 사람들에게 멸망당했지요.

크레타 문명을 계승한 미케네 문명 또한 기원전 12세기께 북쪽에서 도리스인과 해상 민족들이 침입하면서 몰락했습니다. 그 뒤 그리스 세계는 수세기 동안 도시가 파괴되고 문자 기록도 없었는데요. 역사가들은 '그리스의 암흑 시대'로 부릅니다.

암흑 시대는 기원전 800년께 '폴리스polis'로 불린 작은 도시 국가들이 등장하면서 빛을 찾았습니다. 아테네가 대표적 도시 국가인데요. 수호신으로 아테나 여신을 모신 파르테논 신전이 군사 시설과 함께 자리한 언덕을 아크로폴리스라 불렀습니다. 그 아래 시장이나 공공 모임의 마당으로 쓰인 공간이 아고라입니다. 두 공간을 중심으로 문화가 발전했지요.

폴리스들은 지리적 환경―산과 섬이 많고 해안선의 굴곡도 심해 일상적 교류가 쉽지 않았던 그리스의 조건―때문에 통일을 이루기가 쉽지 않았습니다. 하지만 공통된 언어와 종교를 바탕으로 동족 의식은 강하게 지니고 있었지요.

가장 문화가 앞섰던 아테네는 왕정에서 귀족정, 금권정, 참주정을 거쳐 기원전 6세기 말에 개혁을 통해 민주정을 펼쳤습니다. 토론을 중시하는 민주주의 정치였지만 노예들을 억압하고 있었다는 점에선 한계가 뚜렷했지요.

도리스인의 일부가 펠로폰네소스 동남부에 건설한 폴리스 스파르타는 이웃 영토를 정복해 사람들을 노예로 부렸습니다. 본디 소수의 이주민으로 이루어진 도시 국가였기에 자신들이 정복한 피정복민들의 저항을 진압하고 질서를 유지하기 위해 군사 통치 체제를 유지했지요. 스파르타에서 허약한 몸으로 태어난 아기들은 버려졌고, 남자아이들은 7세부터 30세가 될 때까지 공동생활을 통해 강력한 전사로 키워졌습니다.

그리스 도시 국가들의 공동체 의식은 높았지만 다른 민족을 '바르바로이'라고 부르며 노골적으로 차별했습니다. 자신들이 알아듣지 못하는 말로 '바바바'버벅거리는 것을 뜻하는 의성어한다는 뜻의 '바르바로이'는 야만인을 지칭하는 말로 정착했지요. 언어적 차별은 심각한 집단 착각으로 이어졌는데요. 고대 그리스인들은 이웃의 다른 민족들을 침략하면서도 오히려 문명의 혜택을 건네준 것이라고 생각했어요.

헤로도토스가 쓴 역사책도 그리스의 동쪽 끝인 흑해를 지나 내륙으로 들어가면 눈이 하나인 민족, 다리가 산양인 민족, 1년에 6개월은 잠을 자는 민족이 있다는 황당한 기록을 남기고 있습니다. 서양인들이 '위대한 역사의 아버지'로 칭송하는 헤로도토스조차 그리스인 중심의 선민의식에 물들어 있었던 거죠. 그리스가 트로이와 벌인 전쟁을 '헬레네를 납치한 파리스에 대한 심판'으로 정당화하고 미화하는 신화에는 이웃 나라를 침략하며 책임을 상대 탓으로 덮어씌우는 의도가 깔려 있습니다.

기원전 5세기 초에 페르시아가 에게해를 건너 그리스를 침입했을 때 아테네를 비롯한 도시 국가들은 위기에 직면했습니다. 똘똘 뭉쳐 마라톤 전투와 살라미스 해전에서 대승을 거두어 페르시아 공격을 물리쳤지요.

그리스-페르시아 전쟁이 끝나자 아테네는 페르시아의 재침략을 막기 위해 에게해 연안 국가를 끌어들여 '델로스 동맹'을 맺었습니다. 이후 페리클레스가 이끈 아테네의 민주정이 꽃핍니다. 지중해 무역의 중심지가 된 아테네는 상공업과 문화가 크게 번성했지요.

그리스인들은 페니키아의 문자를 받아들여 24개의 철자로 이루어진 알파벳을 만들었습니다. 기원전 8세기에 나온 호메로스의 '일리아스'와 '오디세이아'는 입으로만 전해 오던 트로이 전쟁 이야기를 처음 그리스 알파벳으로 기록한 작품입니다.

소수의 신관이나 귀족들이 독점해 온 문자와 달리 표음 문자인 알파벳은 쉽게 익힐 수 있었습니다. 그 결과 평민들도 일상생활에서는 물론이고 종교와 정치 등 공적 활동에 적극 참여하며 자신의 생각을 문자로 표현할 수 있었지요.

알파벳으로 기록된 그리스 문학과 철학, 역사학은 오늘날까지 전해지며 큰 영향을 끼쳤습니다. 히브리인들의 사유와 달리 '신 역시 인간과 같은 모습과 감정을 가졌다'는 그리스인의 인간 중심적 사고는 문학과 예술의 원천이 되었지요. 초기에는 영웅과 신을 찬미한 서사시가 문학의 주된 흐름을 이뤘지만, 기원전 5세기께 연극이 성행하며 신과 인간의 갈등을 도드라지게 표현했습니다.

무엇보다 그리스인은 자연, 사회, 인간을 논리적으로 이해하려는 철학을 발전시켰습니다. 이오니아 지역을 중심으로 자연 철학이 나타났고, 이후 아테네를 중심으로 인간을 탐구하는 철학이 등장했습니다.

아테네의 민주 정치가 발전하면서 출현한 소피스트는 인간을 탐구하며 진리의 상대성과 주관성을 주장했지요. 본디 소피스트는 '지식 있는 자'를 뜻하는 말이었는데 수사학과 변론을 직업적으로 가르치는 사람들을 그렇게 불렀습니다. 소피스트는 인간을 만물의 척도라며 절대적 진리를 부정했지요.

그때 소크라테스가 나타납니다. 그는 소피스트의 상대성을 비판하여 보편적이고 절대적인 진리를 역설했지요. 소피스트들의 궤변은 중우 정치로 이어진다고 비판했습니다. 소크라테스는 아테네인들, 특히 청년들의 철학적 각성을 위해 헌신했지만 결국 '청년들을 오도했다'는 죄목으로 사형당합니다.

소크라테스는 죽음의 순간까지 아테네의 미래를 걱정했는데요. 아테네는 델로스 동맹국들을 오만하게 대하며 자신들의 이익만 추구하다가 스파르타와의 전쟁에서 패배하고 쇠락의 길로 접어들었습니다.

자크 다비드가 그린 〈소크라테스의 죽음〉(1787년)입니다. 철학자 소크라테스는 "너 자신을 알라"는 가르침으로 잘 알려져 현대인들에게 성인으로 칭송받고 있습니다. 신을 모독하고 젊은이들을 타락시켰다는 이유로 독배를 마셨지요. 깊이 음미해 볼 세계사의 한 장면입니다.

대왕 알렉산더와 악명 높은 해적

소크라테스가 사형당하고 60여 년이 지나서입니다. 아테네를 비롯해 그리스 전역은 마케도니아의 젊은 왕 알렉산더에게 정복당했지요. 그리스가 그의 지배 아래 들어갔을 때 소크라테스의 학풍을 이어받은 아리스토텔레스가 알렉산더의 스승으로 활동했습니다. 아리스토텔레스는 논리학과 정치학을 비롯해 여러 학문을 체계적으로 정리했지요.

알렉산더는 그리스에 이어 페르시아를 정복하고 인더스강 유역까지 침입하며 대제국을 건설했습니다. 그 과정에서 알렉산더는 악명 높은 해적 디오메데스를 생포했습니다. 그를 처벌하기 위해 무릎 꿇리고 준엄하게 꾸짖었습니다.

"바다에서 남들을 약탈하고 괴롭히는 것이 무슨 의미가 있단 말이냐?"

왕좌에 앉아 훈계하는 어조로 다그친 알렉산더는 해적으로부터 전혀 예상하지 못한 대답을 듣습니다.

"당신이 하고 있는 것과 같은 의미요. 나는 작은 배 한 척으로 그런 짓을 하니까 도적이라 부르는 것이고, 당신은 큰 함선을 가지고 그런 짓을 하니까 황제라는 품격이 생기는 거요."

이에 알렉산더는 아무 말을 못했다고 전해집니다. 실제로 그 날 카로운 지적에 무슨 말을 할 수 있겠어요. 알렉산더는 조용히 해적을 풀어 주었다고 전해집니다.

알렉산더는 왜 전쟁을 벌이며 다른 왕국들을 침략했을까요? 더 많은 명성과 권력, 부를 누리고 싶었던 거지요. 하지만 그의 전쟁으로 얼마나 많은 사람이 생명을 잃었을지 성찰할 필요가 있습니다. 정복된 나라의 민중들은 물론 마케도니아의 젊은이들도 잔혹한 전장에서 숱하게 목숨을 빼앗겼으니까요.

여기서 알렉산더로 상징되는 '정복 전쟁'이 그 이후로도 세계사에서 이어진 이유를 짚어 볼 필요가 있습니다. 신분제 사회에서 문자를 독점한 지배 계급은 민중들의 생각과 의식이 깨어나지 못하게 통제하고 있었지요.

그 결과입니다, 민중들은 지배자의 전쟁 동원에 아무런 저항도 못하고 순응하며 전장으로 갔습니다. 알렉산더 원정이 인더스강에서 멈춘 까닭도 새롭게 다가옵니다. 알렉산더를 따라와 수많은 전장에서 적들만이 아니라 전우의 죽음을 생생히 목격한 마케도니아 병사들이 '이제 그만 고향으로 돌아가고 싶다'는 소망을 강력히 내비쳤기 때문입니다. 실제로 목숨 걸고 싸울 병사들이 생각을 모아 단결된 의지를 표명하자 '대왕' 알렉산더도 자신의 생각을 접을 수밖에 없었던 거지요.

다만 알렉산더가 일으킨 전쟁이 세계사에 아무런 의미가 없었던 것은 아닙니다. 그의 정복으로 지중해에서 인도에 이르는 동서 교역로가 열렸거든요. 알렉산더는 정복지 곳곳에 같은 이름의 도시

이탈리아 폼페이 카사 델 파우노 유적 벽면에 그려진 기원전 333년 이수스 전투 당시 알렉산
더의 모습입니다.

'알렉산드리아'를 세우면서 대제국을 다스릴 수도를 바빌로니아에
두고자 했습니다. 새로 건설한 도시마다 그리스인을 이주시켜서
그리스 문화와 오리엔트 문화 융합에 나섰지요. 헬레니즘 문화가
탄생한 배경입니다.

  하지만 알렉산더는 과음과 열병으로 갑자기 요절합니다. 광대한
제국은 세 왕국으로 쪼개지지요. 마케도니아의 안티고노스 왕조,
이집트의 프톨레마이오스 왕조, 아시아의 셀레우코스 왕조가 그
것입니다.

  그 후 300여 년에 걸쳐 그리스, 이집트, 페르시아, 인도의 문화

가 혼합된 헬레니즘 문화가 발달했습니다. 그리스 폴리스 중심의 배타성은 사라지고 개방적이고 세계 시민적인 성격이 두드러졌지요. 새로운 문화의 중심지로 이집트의 알렉산드리아와 시리아의 안티오키아가 떠올랐습니다.

길이 열리고 교역이 활발해지면서 사상과 학문, 예술과 종교의 전파와 교류도 활발했습니다. 중앙아시아와 인도의 간다라 지역에서는 그리스 미술 양식이 혼합된 불교 미술이 탄생했지요.

그러다 보니 왕국에 대한 애착이나 관심은 시나브로 사라지고 현실 도피적이며 개인주의적인 경향이 나타났습니다. 에피쿠로스학파와 스토아 사상이 등장한 사회적 배경이지요.

그리스 철학과 이집트 및 메소포타미아의 자료들을 바탕으로 경험적이고 실용적인 학문이 발달하기 시작했습니다. 천문학, 수학, 의학이 대표적이지요. 의학은 인체를 해부할 정도로 성장했습니다. 예술에서도 이상적인 미보다는 현실적인 미를 추구해 갔습니다.

하지만 세 왕국은 차례대로 멸망했습니다. 로마가 등장했기 때문이지요. 기원전 30년에 로마의 옥타비아누스가 마지막 남은 이집트를 정복함으로써 '마케도니아 전성시대'는 종언을 고했습니다. 하지만 보편성과 실용성을 강조한 헬레니즘 문화는 로마인들에게 이어졌지요.

로마는 기원전 8세기 중엽에 이탈리아 중부의 라티움 지역에서 작은 도시로 출발했습니다. 그 시점에 이탈리아에서 가장 강력한 나라는 오리엔트 지역에서 넘어온 종족이 세운 에트루리아 왕국이었는데요. 초기에 로마 또한 에트루리아의 지배를 받았지요. 기원전 6세기 초에 로마 귀족들이 에트루리아의 통제를 벗어나 공화정을 시작했습니다.

로마의 공화정은 원로원과 집정관, 민회가 정치를 운영하는 체제였습니다. 공화정이라 자부했지만 실상은 초기부터 귀족 중심으로 운영되었습니다. 그러자 민중의 불만이 커져 가며 '신분 투쟁'이 벌어졌습니다. 귀족들은 민중의 요구를 어느 정도 수용할 수밖에 없었지요.

로마는 평민회와 호민관 제도를 만들었고 기원전 3세기에는 적어도 형식상으로는 귀족과 평민들이 동등한 권리를 갖게 되었습니다. 물론 노예는 예외였습니다.

공화정이 자리 잡으면서 로마는 빠르게 커 갔습니다. 이탈리아 반도 통합에 이어 지중해로 세력 확장에 나섰지요. 서부 지중해의 제해권을 둘러싸고 강국 카르타고와 충돌하게 됩니다.

로마는 카르타고의 명장 한니발에게 고전했지만 결국 세 차례에 걸친 전쟁포에니 전쟁에서 승리합니다. 카르타고가 더는 로마를 위협할 수 없도록, 다른 나라들에게 감히 로마에 맞설 수 없도록 본보기를 보이기 위해 수도를 철저히 파괴하며 대량 학살했습니다. 번성했던 카르타고의 수도는 사람이 살 수 없는 폐허가 되었고 가까스로 살아남은 사람들은 모두 노예가 되었습니다.

로마는 이어 지중해 동부의 마케도니아까지 정복하며 영토를 넓혀 갔습니다. 포에니 전쟁 이후 대외적으로 팽창하기 시작한 로마의 내부도 큰 변화가 일어났는데요. 전쟁 포로들을 노예로 삼아 대농장라티푼디움 경영이 늘어납니다. 그에 따라 자영 농민들이 몰락해 가며 공화정은 위기를 맞았습니다.

기원전 133년에 호민관이 된 티베리우스 그라쿠스는 농지법을 제정해 농민들을 구하려 했습니다. 티베리우스 그라쿠스의 뛰어난 연설은 기록으로 남아 있습니다.

"(로마군의) 지휘관들은 부하들에게 조상들의 무덤과 제단을 지키기 위해 적과 싸워야 한다고 요구합니다. 하지만 그것은 모두 헛된 거짓말에 지나지 않습니다. 왜냐하면 저 로마인들 중에 조상의 무덤과 제단을 갖추어 놓고 자신의 집과 가정을 보호할 수 있을 만한 사람은 거의 없기 때문입니다. 그런데도 그들은 남들의 재산과 호강을 지켜 주기 위해 싸웠고 또 죽음을 맞아야 했습니다. 그들은 세계의 주인이라는 이름은 얻었지만, 내 것이라고 부를 만한 땅은 손바닥만큼도 없이 죽어야 했습니다."

구구절절 옳은 말이지요. 하지만 로마의 귀족들은 반성할 줄 몰랐습니다. 자칫 기득권 일부를 빼앗길 수 있다는 생각에 위기의식을 느낀 그들은 원로원을 중심으로 조직적 반발에 나섰습니다. 자신들의 부를 전혀 나누고 싶지 않았던 거죠.

귀족들과 부자들은 티베리우스와 그의 측근들을 기습해 몰살했습니다. 300여 구의 시신을 티베르강에 던졌지요. 그러자 테베리우스의 아우 가이우스가 정치 전면에 나섰습니다. 형의 뜻을 이어 민중 특히 빈민들에게 국유지를 분배해 자영농을 육성했지요. 병사들이 무료로 군복을 공급받도록 했으며, 17세 이하의 복역을 금지했습니다. 하지만 아우 또한 귀족과 부자들의 모의로 비참한 죽음을 당합니다.

그 결과 로마의 내부는 갈등이 증폭됩니다. 귀족파와 평민파가 팽팽하게 맞섰지요. 그러자 전쟁에서 명성을 얻은 '장군 정치가'들이 등장해 세 사람이 공동으로 통치하는 '삼두 정치'에 들어갑니다. 1차 삼두 정치를 이끈 카이사르^{시저}에게 권력이 점점 집중되자 위협을 느낀 귀족들은 원로원 회의장에서 무방비 상태인 그를 급습하고 난도질합니다. 그 뒤를 이어 카이사르의 양자인 옥타비아누스가 제2차 삼두 정치를 주도했습니다. 치열한 권력 투쟁을 벌인 옥타비아누스는 원로원 의원 200여 명을 강제로 사퇴시키고 로마의 1인자가 되었습니다.

옥타비아누스는 신중했습니다. 자신을 '프린켑스^{제1시민}'로 자처하면서 '공화정 회복'을 구호로 내걸었고 재편한 원로원을 '동반자'로 삼았습니다. 원로원은 옥타비아누스에게 '아우구스투스'라는 칭호를 주며 그의 제왕적 통치권을 인정했지요.

아우구스투스 이후 그의 후계자들이 황제가 통치하는 제정 시대를 열었습니다. 그 시기에 지중해를 둘러싼 모든 지역은 이미 로마 제국의 영토가 되었습니다. 역사가들은 여러 왕국이 다투던 과거와 달리 상대적으로 평화를 누리던 200여 년의 세월을 '로마의 황금시대' 또는 '로마의 평화 시대Pax Romana, 팍스 로마나'로 평가합니다.

그런데 로마에 황제가 등장하던 바로 그 시점에 제국의 변방 중의 변방에서 세계사를 바꿀 변화가 조용히 일어났습니다. 로마의 식민지인 팔레스타인에서 예수가 태어났지요.

예수는 유대교의 선민사상과 율법주의를 배격하고 신분과 계급을 넘어선 인간애를 설교했습니다. 예수를 메시아로 믿고 따르는 사람들이 늘어나자, 유대교 지도자들은 그를 선동가로 몰아 십자가형에 처했지요. 하지만 예수의 가르침은 제자 베드로와 바울의 열정으로 지중해 세계에 퍼져 나갔습니다.

당시 로마 제국은 다신교 국가였기에 종교의 자유를 허용하고 있었는데요. 기독교는 로마 제국에서 성장한 종교들 가운데 하나였음에도 황제 숭배와 군대 복무를 거부했기 때문에 모진 탄압을 받았습니다. 하지만 4세기에 황제 콘스탄티누스 1세가 기독교로 개종하면서 로마의 국교로 자리 잡아 갑니다(기독교의 역사에 대해서는 『10대와 통하는 기독교』 참고).

인더스 문명과 불교의 전파

메소포타미아 문명과 이집트 문명이 융합하면서 서양의 역사를 열어 가는 과정을 살펴보았는데요. 그 동쪽으로 눈길을 돌려 볼까요. 알렉산더가 정복에 나섰다가 돌아선 인더스강 유역에서도 세계 4대 문명의 하나가 꽃피었습니다. 기원전 3000년대 중엽부터 1000년께까지 이어진 인더스 문명이지요.

오늘날의 인도 북부에서 발원하여 파키스탄을 거쳐 인도양으로 흘러가는 강을 따라 고대 문명의 유적들이 발견되고 있는데요. 파키스탄 하라파에서 최초로 유적지가 발견되어 '하리파 문명'이라 부르기도 합니다.

현재 하라파 지역은 건조하고 황량한 지형이지만 기원전 약 3000년께는 인더스강의 영향으로 비옥하고 산림이 울창했습니다. 여러 종족이 섞여 인더스 문명을 이뤘지요. 대표적인 유적지는 모헨조다로입니다. 집들이 빼곡하게 들어섰고 그 사이에 잘 닦인 길이 드러나 치밀한 계획 아래 건설한 도시였음을 한눈에 알 수 있지요.

인더스 분명을 만든 사람들은 소가 끄는 수레만이 아니라 먼 거리 항해에 적합한 배를 만들 수 있었습니다. 메소포타미아 지역과도 활발하게 교류했지요. 출토된 토기나 인장에는 당시 상인들이 이용했던 배나 수레의 모습이 새겨져 있습니다.

인더스 문명 고유의 문자와 정교하게 동물 문양을 새긴 예술품들, 금·은·구리·상아와 옥으로 만든 장신구들은 문화 수준이 높았음을 일러 줍니다. 교역을 통해 들여온 옥이나 보석도 발굴되었지요.

기원전 1500년께 인더스 문명에 큰 변화가 일어납니다. 중앙아시아의 초원 지대에서 유목 생활을 하던 아리아인들이 남하했거든요. 그들은 펀자브를 중심으로 서북 인도 지역에 정착했습니다.

기원전 1000년께 아리아인들은 철제 농기구로 인도 북부의 밀림 지역을 농경지로 개간하면서 벼를 재배하기 시작했지요. 농업 생산력이 증가하고 동쪽의 갠지스강 유역에도 도시들이 형성되면서 기원전 8세기 무렵부터 여러 왕국이 등장했습니다.

아리아인들은 영토를 확장하면서 선주민들과 충돌하며 토착 문화를 파괴했는데요. 그 결과로 정치와 경제, 사회 모든 영역에서 엄격한 신분 제도인 카스트제가 확립되어 갔습니다. '카스트'라는 말은 18세기 영국인들이 사용하기 시작했는데요. 포르투갈어 '카스타'는 '계급'을 의미하지요. 인도에서는 카스트를 '바르나'라고 부릅니다. 산스크리트어로 '색'이라는 뜻이지요.

지배층인 브라만은 자신들의 특권적 지위를 유지하려고 브라만교를 만들었습니다. '베다'를 경전으로 삼는 인도의 고대 종교로 사제 계급인 브라만이 제의를 주관했지요. 브라만교는 아리아인들이 선주민들을 통치하려고 고안한 카스트제를 정당화했습니다.

전쟁이 자주 일어나면서 그다음 계급으로 귀족과 전사들크샤트리아의 정치적 지위가 올라갔습니다. 교역과 농업 생산력의 증가로 농민과 상인, 장인으로 이루어진 바이샤도 두텁게 자리 잡았지요.

　카스트의 맨 아래쪽 사람들은 선주민들과 함께 힘든 일을 도맡아 했습니다. '천민 계급'으로 규정당한 그들은 수드라로 불렸습니다. 지배 계급은 자신들에게 유리하고 편리한 카스트 제도를 유지하려고 신분과 직업이 다른 사람과 결혼은 물론이고 교류를 금했습니다. 베다 경전은 '브라만은 거인 푸루샤의 머리에서, 크샤트리아는 팔에서, 바이샤는 허벅지에서, 수드라는 발에서 튀어나왔다'며 계급적 차별을 정당화했습니다.

　여러 도시 국가들 사이에 전쟁이 자주 일어나고 상업이 발달하면서 크샤트리아와 바이샤 세력이 성장해 갔습니다. 그들 사이에서 브라만 계급 중심의 사회 질서를 비판하는 목소리가 커집니다.

　브라만교가 신뢰를 잃어 가던 기원전 6세기께 카스트 제도를 넘어서려는 새로운 종교가 등장했습니다. 먼저 자이나교가 상인들의 지지를 받았는데요. 엄격한 계율과 고행을 통한 해탈을 추구했습니다. 이어 동아시아 문명에 큰 영향을 끼친 불교가 출현합니다.

　불교는 히말라야산맥 아래 작은 왕국의 왕자 싯다르타^{석가모니}가 모든 특권과 특혜를 버리고 출가해 깨달음을 얻은 뒤 창시했습니다. 불교는 브라만교의 신분 차별과 권위주의를 거부했지요. 인간은 깨달음으로 누구나 부처^{붓다}가 될 수 있다는 불교의 해탈과 평등 사상은 민중의 호응을 받으며 아시아 곳곳으로 퍼져 나갔지요.

작은 왕국들로 분열되어 있었던 인도는 기원전 4세기께 통합됩니다. 찬드라굽타가 인도 북부를 하나로 묶어세우며 마우리아 왕조를 세웠지요. 마우리아 왕조는 인도 전역을 통합한 아소카 왕 때 전성기를 맞았습니다.

흥미롭게도 인도 최고의 '정복 왕' 아소카는 영토를 넓혀 가는 과정에서 자신이 저지른 전쟁의 참혹함에 눈떴습니다. 붓다가 남긴 가르침을 따라 나라를 다스리겠다고 선언했지요. 아소카 왕은 불경을 정리하고 왕국 곳곳에 수많은 불탑을 세웠습니다. 실론^{현재 스리랑카}과 동남아시아는 물론, 중앙아시아와 페르시아를 거쳐 유럽까지 포교사들을 보냈지요. 아소카 왕의 활약으로 불교는 세계적 종교로 발돋움했습니다.

그런데 아소카 왕이 죽은 뒤 불교의 확산에 위기를 느끼고 있던 브라만 계급이 서서히 반격에 나섰습니다. 마우리아 왕조는 점점 쇠약해져 가다가 군의 반란으로 멸망했지요. 그 틈을 타고 이민족의 침입이 잦아지면서 인도는 다시 분열되었습니다.

1세기 무렵 이란계의 쿠샨 왕조가 나타나 북부 인도와 중앙아시아에 걸친 대제국을 이뤘습니다. 쿠샨 왕조의 전성기였던 카니슈카 왕 시기에 붓다를 초월적인 존재로 보며 중생 구제를 목표로 하는 '대승 불교'가 나타났습니다. 그 시기 쿠샨 왕조는 이란과 인도, 동아시아까지 이어지는 무역로를 열어 중계 무역으로 번성했는데요. 그 사막길^{비단길}을 거쳐 대승 불교가 동아시아로 전파되었

간다라 지역에서 제작된 불상.
뚜렷한 이목구비와 자연스럽게 흘러내리는
옷자락, 사실적으로 표현된 장신구는
그리스 문화의 영향을 받은 간다라 미술의
특징을 잘 보여 줍니다. ⓒ국립중앙박물관

습니다.

쿠샨 왕조의 중심지였던 인도 서북부의 간다라 지방에서는 알렉산더의 침략 이후 헬레니즘 문화와 인도 문화가 융합된 간다라 불교 미술이 발달했는데요. 간다라는 파키스탄 북부에 있는 지역이지요.

인도 서북부에서 5세기 무렵까지 발달한 간다라 미술은 신을 조각으로 표현한 헬레니즘 문화의 영향을 받았습니다. 그 시기에 제작된 불상이 곱슬머리를 비롯해 그리스 조각상과 비슷한 까닭입니다. 간다라 미술은 중앙아시아를 거쳐 동아시아 불상 제작에도 영향을 끼쳤지요.

쿠샨 왕조가 쇠락한 3세기 말부터 인도 북부는 다시 이민족들의 잦은 침입으로 혼란을 겪었지만 4세기에 들어선 320년에 찬드라굽타 1세가 통합을 이뤘습니다. 갠지스강 유역에서 일어난 굽타 왕조는 인더스강까지 영토를 넓혔고, 찬드라굽타 2세 때 전성기를 맞이했지요. 중앙과 지방의 행정 조직을 정비하여 왕국을 안정시키고, 농지 개간과 교역에도 힘썼습니다.

학문과 예술도 적극 북돋았지요. 천문학, 수학, 의학이 발달했는데요. 원주율로 지구의 둘레를 추산했으며, 지구의 자전설과 지동설도 등장했습니다. 수학에서도 최초로 '0영'과 무한대의 개념을 도입했습니다.

무엇보다 굽타 왕조 시대에 인도의 민간 신앙과 브라만교·불교를 융합한 힌두교가 등장합니다. 힌두교는 딱히 창시자가 없고 체계적인 교리도 없는데요. 우주를 창조하고 유지하고 파괴하는 신을 구분해 섬겼습니다. 브라흐마, 비슈누, 시바이지요. 그 세 신만이 아닙니다. 여러 지역으로 전파되면서 그곳 사람들이 믿는 신이나 신화로 전해진 영웅들을 모두 다양한 모습의 신으로 숭배했습니다. 특히 비슈누 신의 명령으로 여신이 지상에 내려와 갠지스강이 되었다는 전설을 중시했지요. 힌두교는 갠지스강을 신성시하며 강물에 몸을 담그면 마음이 깨끗해지고 죽어서 그 강에 재를 뿌리면 극락에 갈 수 있다고 믿었습니다.

누구나 신 앞에 제물을 바칠 수 있고 교리도 단순해 빠르게 퍼졌습니다. 물론 그 과정에는 지배 세력의 의도가 깔려 있었습니다. 힌두교는 신이 모습을 바꾸어 왕으로 나타났다고 보았으며, '마누법전'을 근거로 카스트 제도를 옹호했습니다.

굽타 왕조의 왕들과 귀족들로선 자신의 권위를 높이는 방편으로 힌두교를 적극 후원했습니다. 그 결과로 평등주의적인 불교는 인도 안에서 힌두교에 점점 밀려났지요. 반면에 인도 밖에서는 확산되어 갔습니다.

굽타 왕조는 5세기 무렵 중앙아시아의 유목민인 에프탈의 침략에 더해 왕위를 둘러싼 내분으로 쇠퇴하다가 6세기 중엽 멸망했습니다. 그 뒤 인더스 문명은 빛이 바랩니다.

동아시아 랴오허·황허 문명

앞서 살펴본 세 곳의 문명처럼 동아시아의 문명도 강에서 싹텄습니다. 신석기 시대 동아시아 여러 강 유역에서 문명이 발생했는데요. 가장 많이 알려진 문명이 황허 문명입니다.

그런데 1980년대부터 현재 중국 북동부의 큰 강 랴오허^{요하, 遼河} 유역에서 새로운 유물과 유적들이 대거 발굴되었습니다. 동아시아를 인식하는 역사의 기존 틀을 뒤흔드는 '증거'들이지요.

중국 역사학자들은 랴오허 문명의 중심으로 추정되는 홍산紅山 문화의 유물들에 큰 의미를 부여하고 있습니다. 황허강 유역에서 등장한 나라보다 앞선 '문명고국文明古國'이 랴오허강 유역에 존재했다는 연구가 나오고 있습니다.

한국 학자들 사이에선 중국 연구자들이 아직 실체를 밝히지 못한 그 '문명고국'을 고조선으로 추정하는 주장도 나오고 있습니다. 랴오허 문명의 존재가 명확하게 드러나면서 기원전 2333년에 건국되었다는 단군 조선이 실재했을 가능성이 높아졌다는 것이지요.

앞으로의 발굴 성과에 따라 세계 4대 문명의 발상지로 황허가 아닌 랴오허가 꼽힐 가능성도 있습니다. 최소한 랴오허-황허 문명으로 서술하는 것이 적절해 보이지요. 그 경우 인류 최초의 문명은 메소포타미아가 아니라 랴오허 문명이 됩니다. 다만 아직 고대사 연구자들 사이에 합의가 이뤄지지 않았고 문자 사용 여부도 확인되지 않았으므로 황허 문명부터 들여다보겠습니다.

황허강 유역도 강을 따라 운반된 흙이 쌓여 만들어진 기름진 황토 지대가 넓게 펼쳐져 농경에 적합했습니다. 토지에 영양소도 풍부할 뿐 아니라 나무나 돌로 만든 간단한 도구로도 쉽게 농사지을 수 있었으니까요.

신석기 시대 말엽쯤 황허강 주변에 숱한 마을이 등장했습니다. 랴오허 문명권의 한 갈래가 대륙 쪽으로 이주했다고 볼 수 있지요.

황허강 유역으로 빠르게 사람들이 모여들어 청동기 시대에는 마을 주변에 토성을 쌓았는데요. 성안에 많게는 수만 명이 살았습니다. 시간이 지나면서 마을의 규모가 더 커지고 자연스럽게 작은 성읍城邑 국가의 모습을 갖추게 되었습니다.

당시 황허강 중·하류 유역인 화북華北 일대에 분포해 살았던 사람들이 한족漢族입니다. 한족은 현재 세계 최대의 민족 집단인데요. 다만 한족은 단일 민족이 아닙니다. 중국 과학원의 유전연구소가 2005년 발표한 자료에 따르면 황허강 유역의 한족들이 남쪽을 정복할 때 토착민들이 대거 한족 행세를 하며 편입됐습니다. 실제로 한족의 화북형과 화남형은 체형의 차이가 크고 지금도 부모 가운데 하나가 한족이면 한족으로 등록할 수 있습니다.

현재 중국 역사학계는 하夏·상商·주周 3대의 왕조가 잇달아 등장했다고 주장하지만, 하 왕조의 존재는 문헌에만 거론될 뿐 아직 고고학적으로 입증되지 못했습니다. 상 왕조는 20세기에 들어서 그 수도에 해당하는 은허殷墟의 발굴이 진행됨에 따라 실재했던 왕조였음이 판명되었지요. 황허강 유역에서 고고학적 연대를 확인할 수 있는 가장 오랜 국가는 상입니다.

기원전 1600년께 황허강 하류 유역에서 성읍 국가들을 결합해 큰 나라를 이룬 상기원전 1600년~기원전 1046년 시기에 동아시아는 선사 시대를 벗어나 역사 시대로 들어섭니다. 상은 문헌에 따라 은殷이라는 명칭으로 나타나 한때는 나라 이름을 '은'이라 부르기도 했는데요. 은은 상의 마지막 수도일 뿐이며, 은이라는 명칭은 상 왕조가 멸망한 뒤 주나라에서 의도적으로 낮춰 부른 것에서 비롯되었습니다.

상나라 사람들은 거름을 주어 땅을 더 기름지게 만들었고, 메마른 땅에는 물을 끌어들이며 생산력을 높여 갔습니다. 해와 달과 별의 움직임을 자세히 관찰해 시간과 날짜를 계산하여 농사를 지었지요. 농사를 짓는 데는 달력이 무척 중요하지요. 언제 씨를 뿌리고, 언제쯤 비가 많이 올지를 알면 훨씬 유리하거든요. 쌀을 비롯해 수수와 밀, 조를 심고 가꾸었습니다.

상나라가 쓴 문자는 갑골 문자로 불립니다. 갑골, 곧 거북의 등딱지에 새긴 상형 문자인데요. 한자의 기원이 되었지요. 제정일치의 신권 국가였던 상에서 갑골문은 왕이 최고신인 상제上帝와 조상신의 뜻을 파악하려고 점친 내용과 결과를 기록하는 수단이었습니다. 청동 용기는 신들에게 제사를 지내는 도구였지요. 세월이 흐르며 상나라 사람들은 청동으로 음식을 담는 그릇을 다양하게 만들었고, 술잔도 코끼리, 소, 양 등의 모양을 본떠 만들었습니다. 새겨진 무늬도 정교하고 예술적이었지요.

그 상나라에도 마지막 순간이 다가오고 있었습니다. 본디 주왕은 똑똑하고 체력이 뛰어난 왕이었지만 술을 즐기며 점점 나랏일을 소홀히 했습니다. 더욱이 달기라는 여성을 총애하면서 포악해졌는데요. 달기가 원하던 주지육림을 만들어 주었지요. 연못에 술을 가득 채워 놓고 욕심껏 마시고, 안주도 고기를 나뭇가지들에 걸어 놓아 마음껏 먹는 풍경을 일러 주지육림酒池肉林이라 하지요.

왕이 사치를 즐기려면 곳간이 넉넉해야겠지요. 민중에게 갈수록 세금을 더 많이 거두었습니다. 당연히 민중들 사이에 저항심이 높아 갔지요. 폭군 주왕은 민중들의 반발을 공포 정치로 잠재우려 했습니다. 구리 기둥에 기름을 발라 불 위에 걸쳐 놓고 '죄인'에게 그 위를 걷게 해 미끄러져서 타 죽게 하는 포락炮烙의 형, 죄수들을 구덩이에 독사·전갈과 함께 집어넣는 돈분薑盆의 형을 서슴지 않았습니다.

상나리의 서쪽 변두리에서 세력을 키워 가던 주족周族의 무왕은 여러 종족과 힘을 모아 폭군을 몰아냈습니다. 주왕은 자살했고 달기는 처형당했지요. 무왕은 넓은 영토를 직접 통치하지 않고 왕의 친척이나 공이 많은 신하들을 제후로 삼아 여러 지역으로 나누어 다스리게 했습니다.

왕은 수도 인근의 땅만 직접 다스리고 나머지는 제후들에게 맡기는 제도가 무왕이 세운 주 왕조 시대기원전 1046년~기원전 770년에 정착합니다. 바로 봉건 제도입니다. 제후들은 그 대가로 정기적으로 왕을 방문해 복종을 표하며 공납을 바치고 유사시에는 군사력을 제공하였지요.

봉건제는 직계 장남을 축으로 형성된 혈연적 질서로서 아버지와 장남에게 복종하고 의무를 다하는 종법 제도였습니다. 맏이는 조상에 대한 제사를 주관했지요. 그것이 장남의 권위를 정당화해 주었습니다.

왕은 '천자天子'를 자임했습니다. 지배 세력은 천자가 하늘의 아들로 그 명을 받들어 늘 백성을 어진 마음으로 돌본다고 주장했지요. 천자를 중심으로 제후들과 민중들까지 커다란 가족이므로 천자는 어버이로서 백성을 자식처럼 사랑하고, 백성은 제후와 천자를 어버이처럼 모셔야 한다는 논리입니다. 천하늘은 인간이 예의를 갖추고 정성을 다하면 감응하는 존재로 이해되었습니다.

농지는 정전제로 운영했는데요. 우물 정井자 모양 그대로 토지 구획을 해서 중앙은 공동으로 경작하고 중심을 둘러싸고 있는 여덟 구역을 각 가구들이 한 구획씩 경작하는 방식입니다. 공동 경작의 수확물은 세금으로 내고 각자 경작한 수확물은 각 가구의 몫이 되었습니다.

그러니까 생산량의 9분의 1을 세금으로 내는 셈이지요. 그래서 농민들은 함께 농사를 짓고 공동 거주했습니다. 가을에 수확물을 거두면 감사제를 지내고 함께 겨울을 보냈지요.

그런데 왕의 힘이 약해지면서 문제가 나타나기 시작했습니다. 왕의 권위를 무시하는 제후들이 점점 늘어났거든요. 왕의 친족들을 제후로 임명한 곳도 마찬가지였습니다. 세대가 거듭될수록 왕실과 제후들 사이의 혈연관계가 멀어지는 것은 필연입니다. 공을 세워 제후가 된 경우는 더 말할 나위 없겠지요. 제후들이 토착 세력화되면서 주나라 왕실의 지배력은 크게 흔들렸습니다.

기원전 771년 서북쪽의 견융족이 침입해 왕을 살해했을 때 제후들은 왕실을 도울 병력을 전혀 보내지 않았습니다. 결국 왕자는 동쪽의 낙읍^{뤄양}으로 수도를 옮겼지요. 역사가들은 이때를 기준으로 서주와 동주 시대로 구분합니다.

동주 시대는 춘추 시대와 전국 시대로 나눕니다. '춘추'와 '전국'이라는 이름은 나중에 각각의 시대를 서술한 역사 책 제목에서 비롯했지요. 춘추·전국 시대를 하나로 바라보는 시각도 있지만 두 시대는 차이가 있습니다.

춘추 시대에는 가장 강력한 패자가 있어 그나마 '질서'를 유지했지만, 전국 시대에는 오직 군사력이 지배했습니다. 그러다 보니 각 제후들의 권한도 무력을 바탕으로 강력해졌습니다.

춘추 시대의 패자들은 차례대로 제 환공, 진 문공, 초 장왕, 오왕 합려, 월왕 구천입니다. 춘추 5패라고 하는데요. 제후들이 모여 패자를 추대하며 '존왕양이' 곧 주 왕실을 받들고 오랑캐를 물리친다는 명분을 내걸었습니다. 물론 표면적 명분이었고, 실제로는 패자가 권력을 장악한 거지요.

춘추 5패의 하나였던 진이 한·위·조로 분할된 기원전 453년을 고비로 춘추 시대는 전국 시대로 넘어갑니다. 전국 시대에는 일곱 지역 제후들이 치열한 각축을 벌입니다.

춘추 시대에 이미 등장한 철기는 전쟁만이 아니라 정전제에도 변화를 불러왔습니다. 철은 청동에 비해 강했을 뿐만 아니라 매장량도 풍부했거든요. 철제 농기구의 보급으로 생산력의 증대하면서 개별 농민들은 공동 경작에서 벗어나 가구 단위로 농사를 지을 수 있게 되었지요. 결국 정전제 형태의 공동체들이 붕괴되고 농민들은 토지를 소유하며 가족 단위로 생활했습니다. 전국 시대에는 철기가 널리 보급되어 농업 생산력이 크게 높아지면서 상업이 발달하고 큰 도시가 나타났습니다. 각 나라별로 화폐도 통용되었지요.

춘추·전국 시대에 각 나라들은 전쟁을 벌이면서 부국강병을 위해 저마다 제도 정비에 나섰습니다. 기본 방향은 명확했지요. 농민들에게 안정적으로 세금을 걷고 군대에 동원하기 위해 모든 사람을 호적에 등재했습니다. 전쟁에 앞장선 자들은 지배 계급이었지만, 사실상 전쟁을 수행한 주체는 농민이었고 그만큼 가장 많이 희생당했지요.

하지만 농민들이 전쟁의 소모품으로 이용만 당한 것은 아닙니다. 지배 계급들 또한 전쟁을 수행하며 민중들의 존재 가치를 인정할 수밖에 없었거든요. 민중들이 지지하지 않으면 자신의 권력욕을 채울 수 없다는 인식은 정치사상에도 영향을 끼쳤습니다. 춘추·전국 시대에 활약한 학자와 학파들을 제자백가라고 하는데요. 두드러진 학파는 유가, 도가, 묵가, 법가였지요.

춘추 시대 말기에 공자가 창시한 유가는 주나라 초기에서 이상적인 모범을 찾았습니다. 공자 사상의 고갱이는 인仁입니다. 왕에게 가장 필요한 것이 인이라고 주장했는데요. 다름 아닌 민심을 얻는 방법입니다.

그러므로 왕은 덕을 바탕으로 민중을 이끌지 않으면 안 된다고 강조했습니다. '인仁'이 바로 그 덕인데요. 사람을 사랑하고 '자신이 원하지 않는 바를 남에게 하지 말라'는 대목들은 돋보이는 사상입니다.

하지만 공자의 사상은 통치자들에게 중심을 두고 있습니다. 그가 강조한 예에선 신분의 차이를 정당화하는 대목도 나타납니다. 왕은 왕다워야 하고 신하는 신하다워야 한다君君臣臣는 말이 대표적이시요. 그래서 현대 중국에서는 유가의 예를 "신분 세도와 그에 적합한 사회적·도덕적 규범"으로 비판합니다. 다만 전국 시대에 활동한 맹자는 공자의 사상을 발전시키며 성선설과 함께 혁명의 정당성을 주장했습니다. 성선설이란 인간의 본성이 본디 착하다는 사상이지요.

맹자는 왕이 자신의 의무를 소홀히 해서 민중들의 원망을 듣는다면 마땅히 자리에서 물러나야 한다고 주장했습니다. 그럼에도 왕이 자리를 지키며 독재로 민중을 억압하면 살해해도 무방하다는 혁명적 사상을 펼쳤지요. 그것이 왕과 신하로서 명분을 파괴하는 일도 아니라고 강조했습니다. 포악한 왕과 혁명에 나선 신하 사이는 이미 군신의 관계가 깨졌기에 '왕'도 '신하'도 아니라고 명쾌하게 설명했지요.

도가는 노자에서 비롯했는데요. 사람들이 만든 여러 제도를 자연의 순리에 어긋나는 것으로 보았지요. 묵적이 창시한 묵가는 모든 사람을 차등 없이 대하는 겸애를 강조하며 전쟁을 반대했지요 (제자백가를 비롯해 앞으로 세계사 전개 과정에 등장하는 주요 철학자들의 사상에 대한 더 촘촘한 이해는 『10대와 통하는 철학 이야기』를 참고).

왕들이 선호한 것은 한비자의 법가였습니다. 법가는 철저히 성악설을 주장하며 교육보다 신상필벌을 강조했죠. 법가의 사상은 민중을 법의 이름으로 통제할 수 있어 쉽게 효과를 볼 수 있었습니다. 공자의 사상이 당대에 채택되지 못한 까닭이지요.

춘추·전국 시대의 군웅할거에 마침표를 찍은 나라가 진秦입니다. 진은 철기를 일찍 받아들였고 법가를 등용해 왕국의 질서를 엄격하게 세웠습니다. 군현을 설치하고 관리를 파견해 모든 농민을 호적에 등재했지요. 관리 또한 종래의 세습 귀족과 달리 임기를 정했고 봉급을 주었습니다. 문자와 화폐, 길이·부피·무게 단위도 통일했어요.

진나라 국력이 강성해지면서 각국의 외교는 진을 중심으로 전개되었는데요. 마침내 진왕 영정이 기원전 221년에 중국을 통일합니다. 통일을 이룬 영정은 자신을 황제라 칭하죠. 바로 진시황입니다. 진에서 시행하던 제도들을 모든 제후 나라들에 확대했습니다. 유가들이 진시황의 강압적 정책을 비판한다는 이유로 '분서갱유'도 단행했지요. 진시황은 영토를 넓히며 북방의 유목 기마 민족인

1850년경 그려진
진시황의 초상화입니다.

흉노족의 침입을 막으려고 만리장성을 쌓았습니다. 오늘날 중국의 영어 이름 '차이나china'가 진에서 유래했지요.

진시황과 싸운 흉노족에 대해 짚어 볼까요. 한자로 '흉악한匈 노비奴'라는 뜻이지요. 한족들이 의도적으로 폄훼해서 붙인 이름입니다. 그만큼 한족들이 흉노속들에게 공포감을 느꼈다는 의미이기도 합니다. 현재까지 연구된 결과로는 흉노족을 고대부터 중앙아시아를 무대로 활동했던 투르크족으로 보는 의견이 지배적입니다. 그 일족이 현재 터키인들입니다.

진시황이 쌓은 만리장성 동쪽에는 조선이 국경을 마주하고 있었습니다. 조선—훗날 역사가들이 옛 조선이라는 뜻에서 '고조선'으로 부른 나라—의 청동기 문화는 비파형 청동검과 청동 거울이 생생하게 증언하듯이 황허의 청동기 문화와 확연히 다릅니다. 랴오허 문명이 두 갈래로 전개되었다는 풀이가 나오는 이유입니다.

고조선은 황허 문명이 주나라 몰락 이후 춘추·전국 시대를 거쳐 진나라로 통합되는 시기에 이르기까지 비교적 안정된 문명을 일궈 갔습니다. 랴오허강이 흐르는 요동 반도와 동북의 만주, 대동강 유역에 이르는 광대한 영토를 기반으로 황허강 유역에서 일어난 여러 왕국들과 교류했습니다. 가령 기원전 7세기 춘추 시대의 나라들과 교역하고 정치적으로도 교류했으며, 기원전 4세기 후반에는 전국 시대의 강력한 나라 가운데 하나였던 연나라와 국경 지역에서 공방을 벌였지요.

고조선의 법률 8조법은 함무라비 법전을 연상케 합니다. 여덟 조항 가운데 일부만 전해지고 있는데요. 살인자는 바로 사형에 처하고, 다른 사람에게 상해를 입힌 자는 곡물로 보상하고, 물건을 훔친 자는 노비로 삼는다는 조항이 그것입니다. 중국의 기록에는 8조법과 함께 조선의 민중들은 도둑질을 하지 않고 여성들은 정숙했다는 내용이 담겨 있지요. 진시황 시대에 동아시아는 진과 조선이 공존하고 있었습니다.

현재 중국은 랴오허 문명이 황허 문명, 장강^{양쯔강} 문명과 더불어 중화 문명의 3대 원류라고 주장하는데요. '랴오허 문명의 빛'으로 불리는 홍산 문화는 지리적으로도 황허 문명보다 고조선과 가깝습니다.

아메리카 대륙의 선사 시대는 어떤 풍경이었을까?

큰 대륙의 큰 강에서 고대 문명이 발생했는데요. 그렇다면 유라시아나 아프리카 대륙 못지않은 아메리카 대륙은 어떨까요. 결론부터 말하면, 유럽 백인들이 침입해 문명이 단절되었습니다.

아메리카 대륙에는 유럽의 백인들이 건너가 미국을 세우기까지 무려 2만여 년에 걸쳐 자자손손 살아온 사람들이 있었는데요. 아메리카 '인디언'으로 불려 온 사람들입니다. 아시아에서 아메리카로 동물의 이동을 따라 건너간 사냥꾼들과 그 가족의 후손이지요. 백인들은 자신들이 도착해 기록을 남긴 15세기 이전까지를 아메리카의 선사 시대로 분류합니다.

지금은 아시아 대륙과 아메리카 대륙이 떨어져 있지만 빙하기에는 바닷물이 얼어붙으면서 이어져 있었습니다. 아메리카 선주민들은 오늘날 세계적인 주요 산물이 된 옥수수, 토마토, 감자, 담배를 경작하는 방법을 유럽 백인들에게 가르쳤습니다. 아메리카 선주민들의 다양한 발명품 중에는 카누, 눈신, 모카신이 있습니다.

뒤늦게 들어온 백인들의 탐욕은 아메리카 선주민들의 상상을 초월했습니다. 영국·프랑스·에스파냐에서 건너온 백인들은 아메리카 선주민들의 땅을 차지하기 위해 서슴지 않고 학살극을 벌였지요. 땅에 말뚝을 박고 자기 소유라고 주장하며 살인을 서슴지 않은 백인들을 보고 시애틀 추장은 다음과 같이 개탄했습니다.

"어떻게 공기를 사고팔 수 있단 말인가? 대지의 따뜻함을 어떻게 사고 판단 말인가? 부드러운 공기와 재잘거리는 시냇물을 우리가 어떻게 소유할 수 있으며, 또한 소유하지도 않은 것을 어떻게 사고팔 수 있는가? 햇살 속에 반짝이는 소나무들, 모래사장, 검은 숲에 걸린 안개, 눈길 닿는 모든 곳, 잉잉대는 꿀벌 한 마리까지도 우리의 기억과 가슴속에서는 모두 신성하다. 그것들은 우리 얼굴 붉은 사람들의 기억 속에 고스란히 살아 있다. 우리는 대지의 일부분이며, 대지는 우리의 일부분이다…."

추장의 연설은 백인 문명과 다른 아메리카 선주민 문명의 철학을 웅변해 줍니다. 미국 '건국의 아버지'로 불리는 벤저민 프랭클린은 1753년 친구에게 보내는 편지에서 탄식했습니다.

"인디언 선주민 아이를 데려다 우리 사회에서 키우면서 우리의 언어를 가르치고, 우리의 관습을 배우게 할지라도, 그 아이가 친척을 만나러 다시 인디언 사회를 찾아가 그들과 산책이라도 한번 하고 나면, 도무지 우리 쪽으로 돌아오라고 설득할 길이 없다네! 반면에 인디언한테 포로로 잡혀갔다가 어찌어찌 풀려나 돌아온 백인의 경우는 우리 사회에 머물도록 하는 게 거의 불가능하다네. 그의 친구들이 몸값을 내 자유의 몸으로 만들어 주었고, 백인 사회에 머물러 있도록 상상할 수 있는 모든 친절과 배려로써 잘 대우해 주건만, 그들은 오래지 않아 우리 백인들 생활 방식에 넌더리를 내더군…. 호시탐탐 기회를 노리다가 숲속으로 다시 도망가고 만다네."

현재까지 학자들의 연구에 따르면, 아메리카 선주민들 대부분은 문자 없이 살았고 더러는 초보적 수준의 그림 문자를 사용했습니다. 하지만 그들이 입는 옷은 편했고, 그들이 믿는 종교는 기독교보다 훨씬 관용적이었으며, 그들의 사회는 본질적으로 계급이 없는 평등주의적 사회였습니다. 개인이 소유하는 재산이라고는 보통 말에 싣고 다니거나 걸으면서 들고 다닐 수 있는 물건 정도로 국한되어 있었습니다. 그래서 부의 지나친 축적에 의한 불평등이란 개념은 애초부터 성립할 수 없었지요.

풍요로운 자연 환경 속에서 2만 년에 걸쳐 신분 제도 없이 살아온 아메리카 선주민들의 삶은 백인들을 만나 재앙을 맞았습니다.

유라시아 대륙의
동서 문명

3

근대 이전에 동서양 문명 간 교류는 많지 않았습니다. 그럼에도 아주 중요한 공통점이 있있는데 바로 신분 제도입니다. 동아시아 문명이나 서유럽 문명 모두 엄격한 신분제가 작동하는 계급 사회에 기반을 두고 있었습니다.

　먼저 동아시아의 역사부터 톺아 봅시다. 전국 시대를 통일하며 막강한 권력과 부를 거머쥔 진시황은 불로불사를 꿈꾸었지요. 하지만 지방을 순회하다가 수레에서 갑자기 죽습니다. 불과 49살이었지요. 그의 아들이 황제가 되었지만 무능하고 유약했지요.

　곳곳에서 일어난 봉기와 반란으로 진시황기원전 259~기원전 210이 영원불멸의 제국으로 여긴 진은 그의 사후 4년 만에 멸망했습니다. 항우와 유방이 등장해 패권을 겨뤘지요. 초반에는 초나라 항우가 우세했지만 그의 단순하고 격정적인 약점을 집요하게 파고든 유방기원전 256~기원전 195이 이겨 한 왕조를 열었습니다.

유방의 한 왕조는 진의 폭정을 거울삼아 가혹한 법을 폐지하고 세금을 줄였습니다. 그러자 인구가 크게 늘어났고 그만큼 재정이 더 충실해졌지요. 한 왕조는 초기에는 봉건제와 군현제를 혼합했지만 왕권이 강화되면서 무제 시대에 이르러 군현제의 중앙 집권 체제를 갖췄습니다.

한족의 자기중심적 세계관

한 무제 유철기원전 156~기원전 87은 7대 황제로서 유학자 동중서의 건의를 받아들여 유교를 왕조의 이념으로 삼았습니다. 동중서는 유교의 명분론을 내세우며 양과 음, 위와 아래, 정통과 이단으로 구분해 위계질서를 세워야 비로소 세상이 바로 돌아간다고 주장했지요.

한 왕조의 국교가 된 유교의 위계적 이분법에 따르면 신하는 군주가 아무리 어리거나 무능해도 복종해야 마땅하고, 한의 영토 밖에 있는 '오랑캐'는 아무리 국력이 강해도 자신들에게 복종해야 옳았습니다. 남자와 여자, 노인과 젊은이, 문文과 무武 사이에도 엄격한 위계를 설정했지요.

지독한 자기중심주의로 똘똘 무장한 무제는 그때까지 이웃 나라들과 공존해 왔던 정책을 일방적으로 폐기한 데 이어 기어이 침략 전쟁에 나섰습니다. 북방의 유목 민족인 흉노를 정벌해 서쪽을 평정한 뒤 동쪽으로 창끝을 돌렸습니다.

오랜 세월에 걸쳐 동아시아에서 공존해 온 조선고조선을 침략했는데요. 조선이 자신들에게 조공을 바치지 않는다는 명분을 내걸고 전면전을 벌였습니다. 조선은 한의 침략에 맞서 싸웠지요.

하지만 이미 숱한 전쟁을 치르며 팽창할 대로 팽창한 한의 군사력을 끝까지 막아 낼 수는 없었습니다. 한 무제는 조선 영토에 4군을 설치했지만 민중들은 한에 복종하기를 거부하고 새로운 나라 건설에 나섰지요. 그 결실이 고구려의 건국입니다. 고구려는 점차 고조신의 영토를 모두 회복하며 강국으로 성장해 가지요.

한은 이웃 나라들에 대한 침략 전쟁으로 나라 재정이 어려워졌습니다. 무제는 가장 큰 이익을 내던 소금과 철을 전매하여 수익을 독점하는 정책으로 대처했지요. 사치스러운 궁중 생활에 더해 태자를 죽음으로 몰고 아내까지 처형할 정도로 권력에 집착했던 무제가 죽은 뒤 한 왕조는 외척이 정권을 좌지우지했습니다. 그로부터 1500년 뒤에 조선 왕조의 명군 세종은 신하들에게 "한 무제는 방종하고 지나친 욕심을 부렸기 때문에 실패했다"고 평가했습니다.

실제로 당시 한나라 민중들의 삶은 고통스러웠지요. 당시 "온 백성이 유랑민이 되고 그 절반은 죽었으며, 풍년이 들어도 기아를 면치 못해 서로 아이를 바꾸어 잡아먹었다"는 기록이 남아 있을 정도입니다.

이윽고 서기 9년에 이르러 어린 황제를 보필하던 왕망이 결단을 내립니다. 스스로 황제 자리에 올라 나라 이름도 '신新'으로 바꿨지요. 왕망은 대토지 소유를 제한하고 가난한 농민들에게 싼 이자로 자금을 융자해 주었지요. 노비 매매도 금지하는 개혁 정책을 폈습니다.

왕망의 개혁 정책에 민중들은 호응했습니다. 하지만 호족들은 자신들의 기득권에 위협을 느꼈지요. 불만에 가득 찬 호족들은 한의 왕족이던 유수광무제를 내세워 한 왕조를 복구합니다. 개혁적이던 신 왕조는 15년으로 종언을 고했습니다. 그 앞을 전한, 그 이후를 후한으로 시대를 구분합니다.

후한은 호족들의 지원을 받았기 때문에 대토지 소유를 규제할 수 없었습니다. 대토지 소유는 끝없이 확대되었고 그 결과 농민들은 토지를 잃어 고통에 잠겨 갔습니다. 그럼에도 중앙에서는 외척과 환관이 여전히 권력 다툼을 벌였지요.

마침내 농민들이 봉기를 일으켰습니다. 새로운 세상을 상징하는 빛깔이라며 황색 두건을 두르고 30여 년에 걸쳐 항쟁했지요. 흔히 '황건적의 난'으로 부르는 농민 항쟁을 진압하는 과정에서 후한은 위·촉·오 삼국으로 갈라집니다220년.

위나라는 황허강 유역, 촉은 양쯔강 상류, 오는 양쯔강 중·하류 유역을 차지했습니다. 대하소설 『삼국지연의』의 무대입니다. 삼국

중에서 조조가 이끈 위나라가 세력이 가장 강했지만, 통일을 이루지는 못했지요. 촉나라의 유비·관우·장비와 제갈량의 힘은 소설처럼 강력하지 못했습니다. 유비가 한 왕조의 후예라는 점에서 과도하게 촉나라를 부각한 거죠.

위를 계승한 진晉이 촉과 오를 제압하고 통일을 이룹니다. 하지만 곧바로 왕족들 사이의 싸움으로 혼란에 빠졌습니다. 반면에 진의 북방에 살던 흉노의 세력은 나날이 커졌습니다. 이윽고 만리장성을 넘어 진의 수도를 점령했습니다. 흉노의 성공에 고무된 북방의 다른 유목민들도 만리장성 안으로 들어와 각각 나라를 세웠지요. 이른바 '5호 16국 시대'를 열었습니다. 5호는 한족과 끊임없이 대립해온 북방의 흉노, 갈, 선비, 저, 강의 다섯 유목 민족이지요. 삼국 시대부터 서서히 남하를 시작한 그들이 13개의 왕조를 세웠습니다. 한족이 세운 3개국과 합쳐 16국 시대라고 합니다.

흉노가 진의 수도를 점령할 때, 진 왕조의 일족은 양쯔강 이남강남인 지금의 난징에서 진의 부활을 선포했습니다. 그 나라를 동진東晉이라 부릅니다. 그 이전까지는 서진西晉으로 구분하지요.

본디 강남에 살고 있던 민중이 훨씬 많았으나, 북쪽에서 내려온 이주민들이 권력과 함께 경제력까지 장악했습니다. 동진 시기는 대략 5호 16국 시대와 일치하는데요. 일반적으로 위·촉·오 삼국 시대와 5호 16국 시대까지를 '위·진 시대'로 부르기도 합니다.

5호 16국 시대는 130여 년 이어지다가 선비족이 세운 북위에 의해 통일되었습니다. 북위는 자신들의 전통적인 부족 제도를 버리고 '한족식 통치' 제도를 받아들여 왕권을 강화했습니다. 초기에는 나름대로 고유의 선비족 문화를 중시했지만 수도를 북쪽의 평성에서 뤄양으로 옮기고 성씨와 언어, 복장까지 모두 한족 방식으로 바꾸었지요.

북위를 세운 선비족들은 한족과의 결혼을 적극 장려하며 시나브로 민족적 정체성을 잃어 갔습니다. 한족의 인구가 선비족은 물론 강남의 선주민들까지 포섭하며 크게 늘어난 배경이기도 하지요.

북위는 선비족과 한족 구분 없이 균전제를 시행해 농민들에게 토지를 분배해 주었습니다. 한족화 정책에 불만을 느낀 선비족 군인들이 반란을 일으켜 북위는 동위와 서위로 쪼개졌습니다. 두 나라는 각각 북제와 북주로 이름을 바꿨지요. 얼마 가지 않아 북주가 북제를 병합했습니다. 북위와 이들 나라를 아울러 '북조'라 부릅니다.

양쯔강 이남에서는 동진 이후 왕조가 송, 제, 양, 진으로 잇달아 교체되었는데요. 이를 '남조'라고 명명합니다. 황허강 유역에서 내려온 한족들은 관직을 독점하며 대토지를 소유하고 세습적인 문벌 귀족이 되었습니다. 지역 여론을 장악한 이들은 민의에 따라 관리를 선발한다는 명분으로 자제들을 관직에 앉히고 혼인도 비슷한 집안끼리 했지요.

남조와 북조로 나뉘면서 여러 변화가 일어났는데요. 북위의 정책은 북방 민족과 한족^{호·한 胡漢}의 문화를 융합하는 데 큰 기여를 했지요. 남조와 북조의 통합을 이룬 왕조가 수나라입니다.

북주의 외척인 양견이 왕좌를 빼앗아 수 왕조를 세우며 문제^{文帝}가 된 것이 581년인데요. 589년에 남조의 진을 멸망시키고 남과 북을 통합한 문제는 3성 6부를 만들어 지방 정부의 인사권과 군사권을 중앙으로 회수했습니다. 과거제를 시행해 문벌 귀족 세력을 약화시켜 중앙 집권력을 한층 높였지요.

문제에 이어 즉위한 양제는 대륙의 남과 북을 잇는 대운하를 완성했습니다. 동진 이후 경제 활성화로 풍부해진 강남의 물자들을 정치적 중심지인 화북으로 쉽게 운반하기 위해서이지요. 양제는 100만 명의 인원을 동원해 황허강과 양쯔강을 잇는 네 개의 운하를 개통했습니다. 대운하의 완성은 수의 정치·경제적 통일을 상징하는 대사업이었지요. 실제로 남과 북의 물자가 원활하게 소통되고 경제가 통합되었습니다.

수 양제는 돌궐의 복속을 받아내는 데도 성공했습니다. 돌궐은 '투르크'를 한족들이 부른 이름인데요. 흉노를 계승해 중앙아시아의 넓은 영토를 지배하고 있었습니다. 한족에 맞서 돌궐은 고구려와 친선 관계를 맺고 있었는데요. 수나라의 이간책으로 동·서로 분열되있습니나. 수 양제는 남쪽으로 안남^{지금의 베트남 중부}까지 제압하며 자신감이 넘쳤습니다.

남쪽과 북쪽 국경에서 각각 후환을 없앤 수 양제는 수백만 대군으로 고구려 침략에 나섰습니다. 하지만 고구려의 명장 을지문덕에 참패했지요. 그렇지 않아도 대규모 토목 사업으로 원성이 자자했던 터에 고구려와의 전쟁에서 패배하자 곳곳에서 반란과 봉기가 이어졌습니다.

결국 고구려에 패배한 후유증으로 수 왕조는 618년에 무너집니다. 수가 혼란에 빠졌을 때 이연이 장안에서 당 왕조를 세웠거든요. 그를 이어 이세민이 당 태종으로 즉위합니다. 그는 대내적으로 경제적 안정을 이루면서도 대외적으로도 동돌궐을 멸망시키고 서역으로 침입해 영토를 더욱 넓혔지요. 한족들은 이후 '군주 정치의 모범'으로 당 태종을 꼽으며 칭송해 왔습니다. 하지만 당 태종은 탐욕스러웠습니다. 이웃 국가와 공존하기를 거부했습니다. 수나라가 실패한 고구려 침략에 나섰지요. 하지만 그 또한 고구려군에 대패하고 돌아옵니다.

당 태종이 죽고 즉위한 고종은 다시 고구려를 침략합니다. 공존할 생각은 않고 끊임없이 침략을 자행한 거죠. 고구려는 명장 연개소문이 죽고나서 내분이 일어나 끝내 함락됩니다. 고구려 유민들은 장군 대조영을 중심으로 동쪽으로 이주해 말갈족^{여진족}과 함께 발해를 건국했습니다. 발해는 점차 고구려 영토의 대부분을 회복했지요.

강력했던 당의 위세는 오래가지 못했습니다. 755년 '안사의 난'^{안녹산·사사명의 반란}을 계기로 흔들리기 시작했지요. 변경의 방비를 맡고 있던 절도사 안녹산과 그의 부장이었던 사사명이 낙양과 장안을 함락하며 10년 가까이 당 왕조를 압박했습니다.

당은 가까스로 안사의 난을 진압했지만 황제의 권력이 허약하다는 사실을 파악한 변경의 절도사들은 '정치 군벌'이 되었습니다. 결국 당은 멸망했고 북방 민족들이 다시 전면에 나서게 됩니다.

당이 멸망한 뒤 여러 나라들로 분열되고 반세기에 걸쳐 경쟁을 벌였는데요. '5대 10국 시대'라고 합니다. 그 가운데 하나인 후주의 금군_{왕의 친위대} 대장이던 조광윤이 정변을 일으켜 960년에 송宋 왕조를 열었습니다.

송은 2대 태종 시기에 전국을 다시 통합합니다. 안사의 난 이후 통제 불능이던 절두사 세력을 누르려고 정규군을 모두 황제의 근위병에 편입시키고 지방 정부의 권한을 분산했습니다. 아울러 황제에 충성하는 관료를 뽑을 의도로 과거제를 개편했지요. 가문보다 학식을 기반으로 한 사대부들이 성장했습니다.

눈여겨볼 대목은 인쇄술의 발전입니다. 1041년에 찰흙을 아교로 굳혀 활자를 만들었지요. 인쇄술로 서적을 보급하면서 사대부가 두텁게 형성될 수 있었습니다. 다만 한자는 표의 문자이고 글자 수가 무수히 많아 활자가 널리 사용될 수 없었지요.

더구나 사대부는 지주 계급이었습니다. 균전제가 붕괴한 뒤 토지를 가진 지주들이 소작인佃戶들에게 경작시키는 방식이 널리 행해졌는데요. 토지를 빌린 대가로 농사지은 수확물의 절반을 지주에게 바쳤습니다. 닭, 땔나무 따위를 추가로 바치기도 했습니다.

송나라의 한림학사였던 장택단이 그린 〈청명상하도〉의 일부분입니다. 북송의 수도 개봉의 번성함을 담았습니다.

송이 대내적 안정을 추구해 가던 시기에 북방에선 새로운 세력이 급성장하고 있었습니다. 거란의 야율아보기가 여러 부족을 통합하며 요나라를 세웁니다. 요는 발해를 침략해 멸망시킨 뒤 만리장성을 넘어 화북 북부의 '연운 16주'—베이징燕·다퉁雲을 중심으로 만리장성 남쪽에 있는 16주州—를 차지했습니다.

요는 역사상 최초로 한족을 지배한 '정복 왕조'입니다. 거란은 만리장성 북쪽의 본국과 남쪽 연운 16주의 한족들을 이중 체제로 통치했습니다. 만리장성 이남의 농경 지역과 한족들은 중앙 집권 체제하의 지방 행정 제도를 활용한 주현제 방식으로 다스리고, 북방은 거란 고유의 관습법으로 다스렸지요. 다수의 농경민과 기술자를 북방으로 이주시켜 농업과 수공업을 발전시키는 정책도 펼쳤습니다.

요는 자신들의 정체성을 잃지 않으려고 거란 문자를 제정했습니다. 불교를 받아들여 불교 사원과 탑을 건설하고 불경을 집대성해 '거란 대장경'도 편찬했지요.

송은 연운 16주를 되찾기 위해 여러 차례 전쟁을 벌였으나 모두 실패했습니다. 1004년 요는 송과 '형제 관계'를 맺고 평화를 보장해 주는 대가로 해마다 막대한 물자를 송으로부터 받아냈습니다.

결국 재정이 어려워진 송은 11세기 후반에 신종이 왕안석을 등용하여 개혁 정치를 단행했지요. 그러자 기득권 세력인 사마광의 '구법당'이 왕안석의 '신법당'에 반대하고 나섰습니다. 신종이 죽자 정권을 장악하고 기득권을 지켰습니다. 신법당과 구법당이 번갈아 정권을 맡으며 정책이 오락가락하느라 국력은 점점 소모되어 갔지요.

12세기에 접어들면서 과거 고구려와 발해에 속해 있던 여진족이 강력한 세력으로 떠오릅니다. 여진족은 한나라 전에는 숙신으로 불리다가 한대에 읍루, 남·북조 시기에 물길, 수·당대에 말갈—훗날에는 만주—로 불렸습니다.

여진의 부족장이던 아구다阿骨打. 금 태조가 주도해 여러 부족을 통일하고 1115년 금을 세웠습니다. 아구다가 신라인의 후손으로 기록된 사료가 전해 오는데요. 발해가 고구려 유민들이 주도해 여진족들과 세운 나라라는 점에서 그 가능성은 높습니다. 신라가 멸망한 뒤 지배 세력 일부가 발해로 넘어갔다는 기록도 있거든요.

금은 송과 연합해 요를 멸망시킵니다. 금은 그 과정에서 송나라 군대의 허약함을 간파했습니다. 1127년 금은 송을 공격해 황제 부자를 포로로 잡았습니다.

송은 양쯔강 아래 강남으로 남하해 항저우에서 왕조를 재건했지요. 역사가들은 이때를 기준으로 북송과 남송으로 시대 구분합니다. 금은 남송과 평화 조약을 체결하여 대가로 해마다 많은 물자를 받았을 뿐만 아니라 남송 황제가 금 황제에게 신하의 예를 갖추기로 했습니다. 뒤에 군신 관계는 숙질삼촌과 조카 관계로 바뀌었지요.

금은 수도를 연경베이징으로 옮기고, 거란족의 요가 그랬듯이 이중 체제로 통치를 합니다. 여진족의 독자적 문화와 풍속을 유지하는 정책을 폈는데요. 한문 서적을 여진 문자로 번역했습니다.

금은 여진족을 대거 이주시켜 한족과 섞여 살도록 했습니다. 한족 사대부를 회유하기 위해 과거제를 시행하면서 여진족을 위한 과거제도 시행했습니다. 세월이 흐를수록 금은 점차 한족화되어 강건한 기풍을 잃어 갔습니다.

종이·화약·나침반 – 유럽으로 간 동아시아 발명품

송나라 인구는 크게 늘어나 처음으로 1억 명을 넘었습니다. 남송의 강남 개발이 배경이었지요. 기름진 땅에 농업 생산력이 높아지자 잉여 생산물이 시장에 유입되어 상업도 활성화되었어요.

송의 상인들은 남북을 잇는 대운하를 통해 먼 지역까지 오가면서 다양한 생산물을 판매하며 소비와 유통을 촉진해 시장을 확대했습니다. 제철, 도자기, 견직업과 같은 수공업도 성장했습니다. 도시의 상공업자들은 동업 조합을 결성하며 이익 추구에 나섰지요.

상공업이 발달하면서 동전의 주조량이 크게 증가했고 지폐도 유통되었습니다. 지폐 사용이 서양보다 수백 년 앞선 셈입니다. 화폐의 보급으로 상업은 더욱 발전했고 농촌의 농산물이 상품화되는데도 기여했지요. 경제가 발달하고 인구가 증가하자 곳곳에 상업 도시들이 형성됐습니다. 송의 동전은 고려와 일본, 동남아시아 너머에까지 유통되었습니다.

과학 기술도 크게 발전했습니다. 화약의 발명으로 새로운 무기가 제작되었고, 나침반으로 원양 항해가 가능해졌습니다. 후한 때 만들어진 종이와 함께 화약과 나침반은 이슬람 세계를 거쳐 유럽에 전해짐으로써 세계사의 변화에 큰 영향을 끼쳤습니다.

사대부들은 불교와 도교의 장점을 흡수하여 '신유학'으로 성리학을 추구했습니다. 자구 해석에 치우친 훈고학에서 벗어나 우주와 인간 세상에 내재하는 보편적인 진리를 찾으려 했지요. 그 결과 혼탁한 기氣에 더럽혀지지 않은 본연의 성性이 곧 천리天理라며 도덕적 수양을 중시하는 '성즉리' 철학을 세웁니다. 남송 초기에 주자가 성리학을 집대성했기에 주자학으로 불렀지요.

성리학은 현실 세계에선 군신과 부자 사이에 지켜야 할 도리와 대의명분을 중시했습니다. 결국 왕권을 강화해 주었고, 대외적으로는 화이론華夷論을 통해 북방 민족의 군사적 압력에 맞섰지요.

화이론은 '화'한족와 '이'주변의 세계를 구분하고 '이'를 오랑캐로 멸시하는 사상입니다. 중화사상과 같은 말이지요. 거란족이 세운 요나라와 여진족이 세운 금나라에 잇따라 지배당한 수모를 사상의 힘으로 이겨 내려는 의도로 풀이할 수 있습니다.

그런데 13세기에 접어들며 동아시아는 다시 격동합니다. 몽골의 작은 부족장 아들인 테무친이 오랫동안 갈라져 살아온 몽골 부족들을 통일하고 나섰습니다. 1206년 칭기즈 칸으로 추대되었지요.

칭기즈 칸은 기존의 부족들을 재편성해 군사·행정 조직을 체계화한 뒤 무서운 속도로 정복 전쟁을 벌였습니다. 유라시아 대륙 전반에 걸쳐 거대한 제국을 형성해 갔지요.

칭기즈 칸이 죽은 후 영토는 아들들에게 나뉘어 상속되었지만, 대칸을 중심으로 몽골 제국은 계속 팽창했습니다. 1234년 제2대 오고타이 칸이 금 왕조를 멸망시켰고, 그 조카 바투는 러시아의 대부분과 유럽 일부를 점령해 킵차크한국을 세웠습니다. 제4대 몽케

오논 강변에서 테무친이 칸으로 추대되는 대관식 그림입니다. 1310년경 페르시아인 라시드 앗딘이 집필한 『역사 모음(集史)』에 실려 있습니다.

칸 시대에는 바그다드를 함락하고 일한국을 선포했습니다.

몽케 칸이 급사하자 남송을 공격하던 동생 쿠빌라이가 대칸으로 즉위했습니다. 1271년에 국호를 원이라 고치고, 이듬해 수도를 대도베이징로 정했지요. 원 세조 쿠빌라이는 1276년 남송까지 멸망시켜 역사상 유례가 없는 대제국을 건설했습니다.

쿠빌라이의 탐욕 또한 끝이 없었습니다. 남쪽으로 베트남과 미얀마를, 동쪽으로 고려를 침략했습니다. 이어 일본 원정을 시도했지만 두 차례 모두 태풍을 만나 실패합니다. 바다는 몽골군에게 익숙하지 않아 더 그랬지요. 일본은 자신들을 구해 준 두 차례의 태풍을 '가미카제神風'로 부르기 시작합니다.

몽골의 원은 거란의 요, 여진의 금과 마찬가지로 이원 통치 체제를 시행했습니다. 제국의 영토가 방대했기에 원 제국은 점차 여러 나라가 독자적으로 다스리는 느슨한 연합체로 변화해 갔습니다. 다만 '몽골 제일주의'를 내세워 관료 기구의 고위직을 독점하고, 몽골어를 공용어로 사용했지요. 파스파 문자를 새로 만들어 공문서에 사용했습니다.

원은 위구르인지금의 중국 신장 자치구 거주민을 비롯한 색목인을 대거 등용해 조세 징수와 재정 관리, 통상 업무를 맡겼습니다. 그 아래에 금 치하에 있던 한족을 두어 지배했지요. 가장 오랫동안 저항했던 남송 사람들에 대해서는 북방 한족인 한인과 구별하며 '남인'으로 천대했습니다.

한인과 남인은 조세를 더 많이 부담할 뿐 아니라, 관리 등용에서도 불이익을 받았습니다. 과거제는 아예 폐지했다가 1315년 이후 몇 차례 시행했는데요. 합격자 수를 몽골인·색목인·한인·남인 모두 똑같이 정했습니다. 인구가 압도적으로 많았던 한인과 남인들 사이엔 불만이 쌓여 갔지요. 현재는 한인과 남인 모두 한족으로 아우릅니다.

고려는 원에 패배했지만 독립을 유지했습니다. 끝까지 항전한 고려의 민중적 의지를 원도 존중할 수밖에 없었습니다. 고려 여성이 원의 황후 자리에 오르기도 했지요.

몽골인은 유교적 명분이나 체면보다도 실리를 중시해 상업을 크게 장려했습니다. 쿠빌라이가 만든 지폐^{교초}가 널리 통용되어 조세를 납부할 때도 사용되었지요. 농서 보급으로 농업 기술을 높이고, 목화 재배를 전국으로 확대했습니다. 강남 지역을 중심으로 면방직이 농촌 가정의 부업으로 성장해 갔습니다.

티베트 불교인 라마교가 원나라 황실의 보호를 받으며 몽골인 사이에 널리 퍼졌는데요. 쿠빌라이로부터 '국사' 대접을 받은 라마승 파스파가 만든 것이 파스파 문자이지요.

몽골인이 동아시아와 이슬람, 유럽에 걸친 대제국을 건설하자 동서 교역이 크게 활기를 띠었습니다. 교류를 방해하던 국경이 사라지고 교통로에 역참이 두루 설치되어 대제국이 하나로 연결되었지요. 역참은 공무로 왕래하는 관리들에게 말과 숙식을 제공했을 뿐 아니라 대칸의 허가를 받은 상인들도 이용할 수 있었습니다.

초원길, 사막길^{비단길}, 바닷길이 하나로 연결된 거대한 교역망이 완성되면서 서아시아는 물론 유럽의 상인들과 더불어 기독교 선교사와 학자들도 내왕했습니다. 로마 교황은 사제를 파견해 몽골 제국과 소통에 나섰지요.

몽골인들은 다양한 종교를 인정했기에 수도와 대도시에 각종 종교 사원이 세워졌습니다. 각 종교 대표자들이 대칸의 궁정에서 종교 논쟁을 벌이기도 했지요. 상인 마르코 폴로는 역참을 이용해 원에 와서 오랫동안 머물렀다가 바닷길로 귀국한 뒤 『동방견문록』을 출간했습니다. 모로코 출신 여행가 이븐 바투타는 바닷길로 원을 방문한 뒤 『여행기』를 저술했지요. 두 책 모두 동서 교통로와 교역 상황을 생생하게 기술했습니다.

하지만 유럽까지 진출하여 세계에서 가장 큰 제국을 이룬 원나라의 위세도 한 세기 정도만 지속되었을 뿐입니다. 세조 쿠빌라이가 죽은 뒤 황위 계승 분쟁이 일어났고 귀족들의 사치와 라마교 사원·불탑 건설로 국력이 크게 소모되었거든요. 과중한 세금과 지폐 남발로 물가도 폭등해 민중의 고통이 커져 갔습니다.

그러자 불교에 민간 신앙을 보태 세상을 구제할 미륵을 믿으며 향을 피우고 무술을 익히는 백련교가 퍼져 갔습니다. 그들을 기반으로 머리에 붉은 수건을 두른 홍건적이 봉기를 일으켰습니다. 농민들이 대거 호응하며 나라가 흔들렸습니다.

세계 최강의 제국도 아래로부터 민중의 힘에 의해 무너지기 시작했다는 사실은 새겨 둘 대목입니다. 혼란기에 피정복민으로 억압받고 있던 한족들을 하나로 모아 낸 주원장이 명 왕조를 세웠지요. 1368년 몽골을 만리장성 북쪽으로 몰아냈습니다.

로마의 몰락과 기독교 중심의 신분 사회

한족漢族과 다른 민족 사이에 끊임없는 갈등과 전쟁으로 동아시아사가 전개될 때, 유라시아 대륙의 서쪽에서도 큰 변화가 일어났습니다. 지중해를 제국 안의 바다로 만든 '로마의 평화'가 3세기에 들어오며 도전받기 시작했거든요.

로마 제국의 북쪽 라인강 건너에서 게르만족이, 동쪽 국경에서는 페르시아의 사산 왕조가 일어났습니다. 로마는 광대한 제국을 4등분 하는 분할 통치로 황제권을 강화하는 방안을 모색했습니다. 앞서 살펴보았듯이 4세기 초에는 콘스탄티누스 1세가 기독교를 공인하고 수도를 로마에서 콘스탄티노폴리스로 옮겼지요. 4세기 말 테오도시우스 황제는 기독교를 국교로 확정하며 다른 종교를 금했습니다.

테오도시우스가 죽은 후 395년에 로마 제국은 서로마와 동로마로 쪼개집니다. 서로마 제국의 로마 교회는 게르만족에게, 동로마 제국의 콘스탄티노폴리스 교회는 동유럽과 러시아의 슬라브족에게 교세를 확장해서 유럽 문화 형성에 큰 영향을 끼칩니다.

로마인들은 학술과 예술 분야에서 그리스 문화를 모방했는데요. 그들의 독창적 문화는 실제 생활과 관련이 깊은 법률, 토목, 건축으로 나타났습니다. 로마가 인류에 남긴 최대의 유산을 법률로 꼽는 역사가들이 많은데요. 개인 사이에 불거진 문제나 공적인 문제를 법으로 해결하는 '상식'을 로마가 세웠기 때문입니다.

로마법은 '만민법'으로 제국의 자유인들에게 시민권을 주고 로마 시민으로서 정체성을 갖게 했습니다. 상하수도, 목욕탕, 원형극장, 경기장을 건립해 당시로선 일종의 '복지 시설'을 제공함으로써 로마에 대한 충성심을 강화했지요. 아울러 "모든 길은 로마로 통한다"는 말이 지금도 회자될 만큼 도로망을 건설해서 제국의 통일성을 유지했습니다.

게르만은 켈트어로 '이웃 사람'을 의미하는 말인데요. 본디 발트해 연안에서 농경·목축·수렵을 하며 살아갔습니다. 그런데 인구가 늘어나면서 토지를 찾아 점차 남하했지요. 결국 로마 제국과 만나게 된 거죠. 로마와 국경을 접하며 교류를 통해 문화적 영향을 받았고 일부는 아예 로마로 들어가 살았습니다.

4세기 말부터 훈족—그들의 정체가 확정되지 않았지만 현재까지 연구 결과로는 한 무제의 정벌 때문에 서쪽으로 이동한 흉노족으로 추측됩니다.—이 동유럽으로 유입되면서 게르만족의 일파인 서고트족이 서로마 지역으로 이동해 작은 왕조들을 세우기 시작했습니다.

시간이 갈수록 게르만족의 세력이 성장해 갔는데요. 마침내 476년 오도아케르가 용병들을 조직해 서로마 제국으로 들어가 황제를 폐위했습니다. 동로마 제국은 동고트족을 움직여 결국 오도아케르를 응징하지만, 로마의 위세는 크게 꺾였습니다. 게르만족이 서유럽을 지배하는 큰 흐름이 형성된 거죠. 다만 동로마는 비잔틴 제국으로 존속해 갔습니다.

서로마 제국이 지배했던 광활한 영토에 게르만족들은 여러 나라를 세웠습니다. 그 가운데 가장 넓은 영토를 차지하고 오랫동안 번영을 누린 나라가 프랑크 왕국입니다. 5세기 말에 기독교를 국교로 삼으면서 프랑크 왕국은 단명했던 다른 게르만족 왕국들과 달리 유럽 세계를 형성하는 중심 세력으로 성장할 수 있었습니다.

8세기에 이슬람 세력이 아랍은 물론 북아프리카를 평정하고 지브롤터 해협을 건너왔습니다. 기독교 왕국들로서는 위기였지요. 프랑크 왕국이 가까스로 이슬람군을 물리치면서 로마 교회와의 결합은 한층 돈독해졌습니다.

프랑크 왕국의 카롤루스 왕은 유럽 전역에서 학자들을 모아 학문 연구에 몰입하게 했고, 수도원을 종교적 수련뿐만 아니라 문예의 중심지로 발전시켜 갔습니다. 로마의 고전 문화, 기독교, 게르만의 전통이 어우러진 중세 문화의 토대가 마련됐지요.

그런데 카롤루스 왕이 죽자 왕자들 사이에 권력 다툼이 벌어졌습니다. 동프랑크, 서프랑크, 중프랑크의 세 왕국으로 분열되었는데요. 세 왕국은 각각 오늘날의 독일, 프랑스, 이탈리아의 기반이 되었습니다.

세 왕국 모두 중앙 집권 체제를 이룰 만큼 왕권이 강하진 못했습니다. 각 지역의 세력가들이 지역민을 보호하고 지배권을 유지하는 봉건제가 정착해 갔지요. 정치적으로는 주종제, 경제적으로는 장원제를 특징으로 하는 지방 분권적 사회 질서가 형성됐습니다.

주종제는 이민족의 침입에 맞서 싸우는 과정에서 왕을 정점으로 기사들 사이에 맺어진 위계질서입니다. 상급자인 주군과 하급자인 봉신 사이에는 권리와 의무가 있습니다. 주군은 봉신에게 봉토를 하사하고 봉신을 보호할 의무가 있었지요. 봉신은 주군에게 충성을 맹세하고 이를 지킴으로써 의무를 다했습니다. 어느 한쪽이 의무를 이행하지 않으면 주종 관계는 깨질 수밖에 없는 쌍무 계약 관계였지요.

주군이 봉신에게 준 영토, 곧 봉토는 대부분 촌락의 형태로 장원이라 불렸습니다. 봉토를 받은 대부분의 기사는 봉토를 장원으로 삼아 영주로서 군림했지요. 영주는 주군으로부터 간섭을 받지 않고 그 안에 사는 농민들을 통치했으며 재판권과 징세권도 독자적으로 행사했지요. 장원의 높은 언덕에 영주의 성이 자리 잡았고, 그 아래쪽에 교회를 중심으로 농민들의 일상생활에 필요한 시설들을 갖췄습니다.

장원의 농민들은 자유인도 있었으나 대부분은 농노였습니다. 농노들은 영주의 허락 없이는 임의로 장원을 떠날 수 없어 자유가 없는 신분이었습니다. 영주로부터 땅을 할당받았기 때문에 일주일에 사흘 정도는 영주 직영지에서 일을 했습니다. 게다가 자신이 수확한 곡식의 일부를 영주에게 바치고, 장원 내 시설도 비용을 지불해야 사용할 수 있었지요.

다만 농노는 노예와 달리 결혼해서 가정을 이루고 재산을 소유할 수도 있었습니다. 고대의 노예보다는 더 많은 권리를 누린 셈이지요. 그러나 영주에게 부역은 물론 인두세, 상속세, 결혼세를 생산물 또는 화폐로 납부해야 했지요. 게다가 교회에는 십일조를 바쳐야 했습니다.

프랑크 왕국의 분열 이후 서프랑크는 전형적인 봉건제를 이뤘지만 동프랑크는 달랐습니다. 오토 1세가 각 지방의 교회를 행정 기구로 삼아 중앙 집권을 꾀했거든요. 오토 1세는 동쪽에서 몰려오던 마자르족을 저지하며 엘베강 너머까지 영토를 확장했지요.

마자르족은 본디 우랄산맥 남서쪽의 볼가강 유역에서 목축을 하며 살았는데요. 주변의 여러 부족들과 갈등을 빚어 카르파티아산맥을 넘어왔습니다. 비옥한 평야 지대를 찾아 헝가리를 세웠지요. 10세기를 앞뒤로 기독교를 수용함으로서 로마 교황이 승인하는 기독교 왕국이 되었습니다.

동프랑크의 오토 1세가 이탈리아 북부인 롬바르디아를 정복하고 로마의 교황권을 안정시켜 주자 교황이 화답했습니다. 962년에 오토 1세를 '로마 제국의 황제'로 공인했지요. 동프랑크 왕국이 '신성 로마 제국Holy Roman Empire'으로 불린 이유입니다.

중세 유럽 사회를 정신적으로 지탱했던 로마 교회는 교황을 정점으로 대주교, 주교, 사제에 이르는 통일적 위계질서를 갖추었습니다. 교회는 정신세계뿐 아니라 일상생활에서 유럽 사회를 이끌었지요. 서유럽에 봉건제가 도입되었을 때 신도들이 기증한 토지를 토대로 강력한 봉건 세력으로 성장했거든요.

교회는 성직자뿐만 아니라 영주와 농노로 구성된 중세 사회의 신분 질서가 성서에 근거한 신의 뜻이라며 정당화했습니다. 교황은 대관식을 통해 왕의 통치권에 신적인 권위를 부여했지요.

11세기 말에 교황 그레고리우스 7세는 세속 군주가 성직자를 임명하는 관행에 반대하고 나섰습니다. 성직자는 물론 왕도 교황의 감독 아래에 있다고 주장했지요. 13세기에 이르러선 '교황은 해, 국왕은 달'에 비유될 정도로 교황의 권력이 절정을 맞았습니다.

황제와 교황이 분리된 서유럽과 달리 '비잔틴 제국'으로 불린 동로마 제국의 양상은 사뭇 달랐습니다. 비잔틴 제국에서는 황제가 교회를 지배하는 '황제 교황주의'가 발달했지요. 황제는 콘스탄티노폴리스 교회의 주교—서로마 교회의 '교황'에 해당합니다. 다만 현재 프란치스코 교황은 자신을 '로마의 주교'로 겸손하게 소개하고 있습니다. 기실 '교황'은 과도한 번역인데요. 영어로는 'Pope'인데 어원인 그리스어의 파파스papas는 '아버지'라는 뜻입니다—를 임명하고 교리 논쟁에 최종 결정을 내릴 권한을 가졌습니다.

비잔틴 제국은 유스티니아누스 황제 때 크게 번성했는데요. 유스티니아누스는 잃어버린 영토를 회복하겠다고 공언하며 내부적으로 로마법을 집대성했습니다. '유스티니아누스 법전'은 12세기에 서유럽으로 전해져 사회 발전에 큰 기여를 했지요.

비잔틴 제국은 그리스 문화와 헬레니즘 문화를 융합해 서유럽과 다른 독자적인 문화를 발전시켰습니다. 그리스어를 공용어로 채택하고 그리스의 고전을 보존하고 연구했지요. 비잔티움 문화의 특징은 미술과 건축에서 가장 잘 드러납니다. 현재 터키 이스탄불의 언덕에 자리한 성 소피아 성당이 대표적 걸작으로 꼽힙니다.

서로마 제국이 멸망한 뒤에도 수세기 동안 독자적인 문화를 일궈 온 동로마 제국의 비잔티움 문화와 그리스 정교는 북쪽의 슬라브족에게도 전해져 러시아와 동유럽 문화에 큰 영향을 끼쳤습니다.

하지만 동로마 제국도 11세기 중엽에 위기를 맞습니다. 이슬람교를 받아들인 셀주크투르크가 서쪽에서 세력을 넓혀 왔거든요. 기독교인들에게는 팔레스타인 성지 순례와 비잔틴 제국의 존속이 위협받는 상황이었지요. 동로마 제국 황제는 이슬람 세력을 막고자 '성지 회복'의 명분을 내세워 로마 교황에게 도움을 청했지요. 로마 교황 우르바누스 2세는 이를 받아들여 십자군을 결성합니다.

교황의 '뜻'에 각 왕국의 지배자들은 적극 호응합니다. 그 시기 서유럽은 인구가 늘어나면서 새로운 농지 확보가 절실했고 그만큼 대외적 팽창은 절호의 기회였지요. 종교를 명분으로 삼았지만 사실상 경제적 이익을 노린 침략 전쟁이었습니다.

하지만 십자군 전쟁이 '성지 회복'에 실패하면서 서유럽 세계는 큰 변동을 맞습니다. 참전한 영주들이 몰락하며 봉건제가 흔들리

외젠 들라크루아의 작품 〈십자군의 콘스탄티노플 함락〉(1840년)입니다. 1204년 4월 12일 십자군 원정대가 비잔틴 제국의 수도 콘스탄티노플로 입성했는데요. 참상과 절망을 가득 담았습니다.

고, 전쟁을 주도한 교황권도 약화되었지요. 영주와 교황의 힘이 약화되면서 자연스레 왕권은 강해졌습니다.

십자군 전쟁의 길목이던 제네바, 베네치아 도시들은 번영을 누렸습니다. 서유럽의 중세 도시에서 인근 농촌 지역을 대상으로 상업 활동을 벌여온 상인과 수공업자들은 십자군 전쟁을 계기로 원거리 무역에 나섰습니다.

상공업 활동이 활발해지고 도시 인구가 늘어나면서 봉건적인 속박을 벗어나려는 움직임이 일어났지요. 영주와의 타협을 통해 도시의 독립성과 자율성을 보장받는 특허장을 샀습니다. 더러는 무력으로 자치권을 획득했지요. 특허장을 사거나 자치권을 획득한 사람들은 도시법을 제정해 자유로운 신분의 법적 근거를 마련했습니다.

중세 상공인들은 공동의 이익을 위해 '길드'라는 조직을 만들어 생산과 교역 활동을 통제했는데요. 상인 길드는 도시의 자유와 자치권을 얻는 데 앞장서기도 했지요. 도시 행정에서 길드 회원들, 특히 대상인들의 발언권이 커지면서 그들이 실질적으로 행정권을 장악한 곳도 생겼습니다.

상인 길드에 자극받아 수공업자들도 길드를 조직했지요. 같은 물건을 생산하는 사람들이 만든 동업 조합입니다. 수공업자 길드는 도제, 직인, 장인으로 구성되었는데요. 도제는 장인에게 숙식만 제공받고 일정 기간 생산 보조 활동을 하며 기술을 배우는 견습생이었습니다.

도제 기간을 마치면 직인이 되는데요. 장인에게 임금을 받으며 생산 활동에 종사했지요. 일정 기간이 지나 규격에 맞는 작품을 길드에 제출해 심사에 통과하면 그때부터 직인도 길드의 일원이 되어 자신의 작업장을 차릴 수 있었어요. 유럽에 등장한 대학의 초기 형태도 교수와 학생들이 모여 학자를 교육하기 위해 만든 길드였습니다.

십자군 전쟁으로 흔들리던 중세의 지배 체제는 유럽의 모든 지역에 퍼진 흑사병으로 치명타를 맞았습니다. 1347년부터 3년 동안 무려 2000만 명에 가까운 희생자를 냈지요.

유럽 인구는 3분의 1 이상 줄어들었고 장원제에 근본적인 변화를 가져올 수밖에 없었습니다. 인구 급감으로 곡물 수요가 크게 줄어 가격이 내려간 반면에 노동력이 부족해 임금은 올라갔거든요. 농민의 장원 이탈이 가속화되어 영주들은 직영지를 유지하는 것이 불가능해졌습니다. 장원제가 해체되어 가면서 사회 불안도 높아갔지요.

더구나 프랑스와 영국 사이에 백년 전쟁이 일어났습니다. 두 나라 모두 영주들의 힘이 한층 약화되었지요. 유럽 대륙과 떨어져 있던 영국의 역사를 들여다볼까요.

본디 앵글로·색슨 7왕국으로 분열되어 있던 영국에 9세기부터 바이킹의 노르만족이 침입했지요. 현재 프랑스 영토인 노르망디도 바이킹 후손들이 점유하고 있었습니다. 1066년 노르망디공 윌리엄이 바다를 건너 영국을 정복하고 노르만 왕조를 열었습니다. 윌리엄은 모든 영토를 왕령으로 선포하고 자신을 따르는 귀족들을 봉신으로 삼아 강력한 왕권에 바탕을 둔 봉건제를 수립했어요.

그런데 존 왕 시대에 왕국이 흔들립니다. 왕이 프랑스에 있는 영국 영토를 놓고 전쟁을 벌이는 데 몰두했는데요. 성과도 없었을 뿐만 아니라 세금을 늘리고 군역을 요구했지요. 귀족들 사이에 반발

네덜란드 화가 피터르 브뤼헐이 1562년경 흑사병을 주제로 그린 〈죽음의 승리〉라는 작품의
부분입니다. 해골 형상을 한 '죽음의 사자'들이 마을을 습격하는 장면입니다.

감이 높아 갔습니다.

왕이 정치를 계속 잘못하자 귀족들이 똘똘 뭉쳤습니다. 1215년 6월, 왕에게 문서를 내놓고 서명을 압박했습니다. 사실상 강요였지요. 바로 마그나 카르타^{Great Charter}, 대헌장입니다.

마그나 카르타는 부당한 상납금이나 군역 면제금 징수를 반대하며, 부당한 벌금과 자유민의 비합법적 체포를 금지하는 63개조로 작성됐습니다. 왕 또한 법 아래에 있다는 원칙을 확립했다는 점에서 큰 의미가 담긴 문서이지요.

하지만 마그나 카르타가 곧장 입헌 군주제로 가는 길을 열지는 못했습니다. 프랑스에 있는 영국 영토를 둘러싼 갈등이 두 왕국 사이의 왕위 계승권 논란으로 이어지며 마침내 '백년 전쟁'을 불러왔거든요. 백년 전쟁은 플랑드르 모직물 공업 지역의 지배권을 둘러싼 이권 다툼이기도 했지요.

1339년에 시작돼 1453년에 마침표를 찍은 백년 전쟁은 처음에 영국이 우세했습니다. 하지만 잔 다르크가 나타나 프랑스군의 사기를 높이며 전세를 역전시켰습니다. 백년에 걸친 전쟁에 더해 유럽을 휩쓴 흑사병, 영주들의 착취에 시달린 농민들은 봉건제의 속박에서 벗어나려고 여기저기서 봉기했습니다. 하지만 모두 실패했고 그때마다 학살당했습니다.

백년 전쟁이 종식되면서 프랑스는 왕을 중심으로 한 중앙 집권 국가로 발전할 기틀을 마련했습니다. 영국도 백년 전쟁에서 패해

프랑스 내의 영토를 잃어버리고 왕위 계승을 둘러싼 장미 전쟁—대표적인 두 가문의 상징이 장미였기에 명명된 전쟁—을 겪는 과정에서 영주와 기사 계급이 타격을 받았습니다. 본디 교회와 봉건 영주들이 지배하고 있던 중세 유럽에서 국왕의 권력은 절대적이지 못했는데요. 권력 구도에 변화가 일어나며 국왕의 위상이 한층 높아졌습니다.

신성 로마 제국에선 황제가 로마 교황청과의 관계를 우선하느라 본국의 통치를 소홀히 했습니다. 봉건적 지방 분권 체제가 지속되었지요. 14세기 중엽에 카를 4세는 '황금문서'를 발표했습니다. 7명의 유력한 제후^{선제후}들이 황제를 선출한다는 내용이었지요. 이후 제후들이 독자적인 권력을 행사하고 자치 도시로 분열된 상태가 오랫동안 이어졌습니다.

눈여겨볼 곳은 유럽의 서쪽 끝 이베리아반도입니다. 8세기 초부터 북아프리카에서 지브롤터 해협을 건너온 이슬람 세력이 지배하고 있었는데요. 유럽인들은 그들의 지배를 벗어나 기독교 왕국을 세우고자 했습니다.

에스파냐 왕국이 1492년에 이베리아반도 안에 있던 이슬람의 최후 거점인 그라나다 왕국을 함락시켰습니다. 이슬람이 지배할 때 기독교인들의 거점이었던 포르투갈도 적극 나서며 왕국을 선포했습니다. 대서양과 접한 유럽의 끝에서 다른 왕국보다 일찍 중앙 집권 체제를 갖춘 두 왕국은 해외 진출에 눈을 돌렸습니다.

진승·오광의 봉기
"왕후장상의 씨가 따로 있나?"

문명이 형성되며 왕을 정점으로 한 신분제의 계급 사회가 고대와 중세까지 수천 년 내내 이어졌습니다. 중요한 것은 인간이 인간을 대놓고 차별하는 신분제에 초기부터 저항이 컸다는 사실입니다. 작은 항거들은 역사에 남지 않았지만 굵직한 봉기는 자세한 경과까지 기록되어 있습니다.

춘추·전국 시대를 종결한 진시황의 뒤를 이은 2세 황제 호해는 포악한 정치만 일삼았는데요. 심기에 거슬린다는 이유만으로 승상을 비롯해 숱한 측근을 베어 죽이고 22명에 이르는 형제자매와 일족까지 거침없이 죽였지요.

호해가 황제에 오른 이듬해인 기원전 209년 하남성의 진승과 오광 등 900여 명이 북쪽 변방의 성 쌓는 일과 수비 임무에 징용되어 고향을 떠났습니다. 그런데 장마 때문에 기일 안에 도착이 불가능해졌습니다. 당시 진나라 법은 정해진 날짜까지 도착하지 않으면 이유 여하를 막론하고 참형에 처했는데요.

진승과 오광은 인솔 책임자를 찾았습니다. '이대로 가면 우리 모두 죽는다'며 '폭정에 고통 겪고 있는 각지의 백성들과 함께 봉기하자'고 호소했습니다. 하지만 책임자는 채찍을 휘둘렀지요. 그 순간 오광이 인솔자가 차고 있던 칼을 빼앗아 목을 찔렀습니다. 진승은 곧장 사람들을 모아 놓고 부르짖었습니다.

"우리 모두 도착해야 할 기한을 어겼소. 도착해도 참수될 것이고 요행히 참수를 면한다 해도 변방의 부역에 종사하게 될 것이오. 부역에 종사했다가 사고 없이 고향에 돌아온 사람은 지금까지 한 사람도 없소. 어차피 죽을 목숨, 한번 보람 있는 일을 해야 하지 않겠소? 왕후와 장상將相이 어찌 따로 씨가 있겠소. 우리도 하면 되는 것 아니겠소!"

진승의 외침에 모두 만세 부르며 호응했지요. 숲에 들어가 나무를 깎아 무기로 만들고 장대를 세워 깃대를 삼았습니다. 동아시아 역사상 큰 파장을 일으킨 최초의 농민 봉기라 할 수 있습니다. 진승과 오광의 봉기는 마른 들판의 불길처럼 전국으로 타올랐지요.

진승은 왕을 자처하며 나라 이름을 '장초張楚'라 했습니다. 오광을 '가왕대리왕'으로 임명하여 함께 진나라 토멸에 나섭니다. 나라를 세운 소식이 퍼지자 여러 지역에서 백성들이 봉기하고 장병들이 반란을 일으키며 호응했지요.

하지만 서로 눈앞의 이익만 탐하느라 하나로 뭉치지 못했고 그 결과 시간이 갈수록 세력이 약해지며 분열했습니다. 무엇보다 동지였던 진승과 오광 사이에 골이 패었습니다. 오광이 부하에게 암살당했음에도 진승은 오히려 암살자를 두둔하고 나섰지요. 그 틈을 타 진나라 군대가 진격했지요. 진승은 분전했지만 그 또한 가장 측근에게 암살당했습니다.

진승·오광의 봉기는 실패로 끝났으나 새 시대를 연 선구자로 평가받고 있습니다. 진승의 봉기를 계기로 진은 결국 무너졌거든요. 신분 제도에 맞서 일어난 민중 봉기가 왕조의 종말을 가져온 사례는 비단 여기서 그치지

3
유라시아 대륙의 동서 문명

125

않습니다. 황건적은 한 왕조의 멸망을, 홍건적은 원나라의 몰락을 불러왔지요. 그만큼 신분제를 넘어선 세상은 인류의 소망이고 역사 발전의 원동력이었습니다.

스파르타쿠스와 산 채로 십자가에 매달린 노예들

유라시아 대륙의 동쪽에서 진승과 오광이 신분제에 맞서 봉기했듯이 대륙의 서쪽에서도 노예들의 봉기가 일어났습니다. 두 봉기의 시차는 겨우 70여 년 정도입니다.

시칠리아에서 시리아 출신의 노예 에우누스가 자신이 여신으로부터 미래의 왕으로 지명받았다고 공언하며 고통 받고 있던 노예들을 끌어모았습니다. 에우누스는 봉기한 노예들로부터 왕으로 추대되었지요. 로마는 집정관이 직접 대군을 이끌고 진압에 나섰습니다. 에우누스는 사로잡혀 처형됐지요. 시칠리아 외에도 로마 영토 각지에서 노예들이 저항했는데요. 아테네의 은광과 노예 시장으로 유명한 델로스섬에서도 봉기가 일어났지요. 모두 진압되었습니다. 기원전 104년에 다시 시칠리아에서 아테니온과 트리폰이 봉기했지요.

절정은 기원전 73년에 일어난 스파르타쿠스의 봉기였습니다. 본디 로마의 노예는 로마군과의 전쟁에서 패배하거나 항복한 포로 출신이 대부분이 었지요. 로마가 제국의 영토를 탐욕스레 늘려갈수록 노예의 수도 늘어났 습니다. 노예들은 '생명 있는 도구'로 취급되며 착취당했습니다.

노예 가운데 더러는 검투사로 길러졌는데요. 훈련을 마친 검투사는 "나는 기꺼이 채찍으로 맞고, 불에 태워지고, 칼에 찔려 죽겠다"고 맹세해야 '경기장'에 출전할 수 있었습니다. 검투사가 되면 적어도 살아 있는 동안은 배불리 먹을 수 있다는 이유로 자원하는 노예가 적지 않았지요. 로마의 정치가나 장군들은 자신의 인기를 높이기 위해 검투사 경기를 종종 열었습니다. 부유층에게는 자극적인 오락거리를, 불만에 찬 민중들에게는 '대리 만족'을 주었지요.

검투사 스파르타쿠스는 양성소에서 78명의 검투사들과 함께 봉기했습니다. 그들이 베수비오산으로 이동할 때 가까운 농장이나 목장에서 일하던 노예들이 가세하며 단숨에 7000명에 이르렀습니다. 봉기한 노예들은 대농장들을 습격하여 동료 노예들을 해방시켰지요.

당시 최강의 군대를 자부한 로마군과 맞서서도 연전연승했습니다. 그러자 로마의 빈민들까지 가세하여 봉기군의 규모가 7만 명에 이르렀습니다. 로마의 2개 군단을 격파하며 이탈리아반도 남부를 지배했지요.

하지만 스파르타쿠스의 주력 부대가 함께 싸우기로 약속한 해적들의 배반으로 로마군의 포위망에 걸려들었습니다. 2년여에 걸친 노예들의 항쟁은 결국 실패로 끝났지요. 스파르타쿠스의 시신은 확인되지 않았는데요. 플루타르코스의 기록이 남아 있을 뿐입니다.

"마지막 순간 그는 혼자서 황금빛 독수리로마의 상징의 깃발을 향해, 사령관의 표식을 향해 달려들었다. 수십 명의 로마 병사가 그를 둘러쌌다. 그는 최후까지 용감하게 싸웠다."

포로가 된 노예 6000명에 대한 로마 제국의 처벌은 잔인했습니다. 반란의 시작지인 카푸아에서 로마 성문에 이르는 수 킬로미터의 길목에 줄줄이 산 채로 십자가에 매달았지요. 인간답게 살고자 봉기했던 노예들은 십자가에 못 박혀 얼마나 고통스러웠을까요. 더러는 숨이 끊어진 뒤에, 더러는 아직 살아 있을 때 제국의 상징인 독수리들이 다가와 쪼아 먹었습니다. 스파르타쿠스는 그 이후 유럽의 역사에서 계급 사회와 불평등에 저항하는 인류의 상징으로 평가받아 왔습니다.

산마루3

왜 '중국 문명'이 아니라 '동아시아 문명'인가?

이 책에서 '중국 문명'을 '동아시아 문명'으로 서술한 이유는 후자가 사실에 더 가깝기 때문입니다. 본디 '중국'이란 말은 1911년 쑨원손문이 신해혁명을 일으키고 선포한 '중화민국'의 줄임말입니다. 그 이전까지 중국의 나라 이름은 주, 진, 한, 수, 당, 송, 원, 명, 청나라로 불려왔습니다. 유럽과 미국은 진나라에서 유래한 '차이나'로 부릅니다. 일본에선 지금도 '지나支那'로 부르는 사람들이 적잖습니다. 20세기 초의 역사학자 신채호도 '중국'을 '지나'로 서술했습니다.

분명한 것은 오늘날 중화인민공화국 인구의 절대다수를 차지하는 한족들이 지난 역사 내내 대륙을 지배한 것이 아니라는 사실입니다. 랴오허와 황허에서 시작한 동아시아 문명은 수많은 민족과 문화가 서로 소통하며 일궈 왔습니다.

그래서 동아시아 역사를 현재의 국경으로 이해하고 서술하는 것은 옳지 않습니다. 현재의 중국 국경이 과거에도 그랬던 것은 결코 아니니까요. 역사를 톺아 보면 중국은 한족만의 나라가 아니라 여러 민족이 함께 이룩한 나라가 틀림없습니다. 중국을 다민족 국가로 보아야 할 이유입니다.

가령 수나라와 당나라는 기록으로 보더라도 온전히 한족이 세운 나라로만 볼 수 없습니다. 5호 16국 시대를 통일한 북위는 선비족이 세운 왕조로 그 나라가 수와 당으로 이어지거든요. 선비족은 황허강 북쪽을 150년이나 통치했고 스스로 '한족화'를 추진했습니다. 만리장성 남쪽으로 옮겨온 선비족은 점차 농업을 생업으로 삼고 한족과 융합되었지요. 당나라 왕조 또한 사실상 선비족의 후예로 볼 수 있습니다.

무엇보다 명백한 사실이 있습니다. 정복 왕조들입니다. 요나라, 금나라, 원나라, 청나라는 모두 한족이 세운 나라가 아닙니다. 과거의 북방 민족들은 현재 대부분 '중화의 용광로' 속에 녹아 사라졌다고 할 수 있습니다. 동아시아에서 자신의 국가적 정체성을 연면히 지켜온 나라는 한국과 일본입니다.

랴오허 문명이 황허 문명과 고조선 문명 두 갈래로 이어졌다는 학설을 살펴보았는데요. 명확한 것은 고조선이 무너진 뒤 유민들이 고구려를 세웠다는 사실입니다. 선비족도 고조선 영토에서 살았던 부족들의 하나로 볼 수 있습니다. 선비족이 고구려와 형제로 지낸 기록, 고구려 장수왕이 죽자 선비족들이 크게 애도했다는 기록들이 남아 있습니다.

세대가 거듭되면서 과거의 역사들은 망각되어 갔지만 여진족이 세운 '금金나라' 황실을 조선 민족의 후예로 서술한 책자는 적잖게 남아 있습니다. 가령 근대적 인쇄물이 들어온 직후에 금나라를 조선의 역사로 다룬 책들이 출간됐지요. 그 틀로 보면 고조선은 한나라에 멸망당했지만 곧바로 고구려로 부활했고 발해를 거쳐 금까지 이어져 대륙을 지배했다고 서술할 수 있습니다. 청의 황실과 직접적 연관성은 없지만 그들 또한 여진족인 만큼 고구려와 발해 시대에는 같은 나라에서 살았지요. 다만 그렇게 볼 때도 고조선의 정통성과 고유성은 고구려·고려·조선으로 이어졌다고 판단해야겠지요.

랴오허 문명의 두 갈래에 동의하지 않더라도 한족이 세운 중국이 언제나 대륙을 지배한 것은 아니라는 사실을 확실히 인식할 필요가 있습니다. 현재 중국이 동아시아 역사를 한족 중심으로 재구성하고 있기에 더 그렇습니다.

이슬람 문명과
근대 과학의 발전

메소포타미아 문명이 꽃폈던 지역에서 6세기에 새로운 변화가 일어납니다. 당시 페르시아 사산 왕조와 비잔틴 제국의 충돌이 자주 일어나자 상인들은 팔레스타인과 이집트에서 홍해를 거쳐 인도양에 이르는 바닷길을 이용하기 시작했는데요. 그에 따라 홍해 연안의 메카와 메디나가 상업 도시로 커갔습니다. 자연히 무역으로 큰돈을 번 상인들이 생겨났지요. 거만해진 부자들의 횡포가 심해지면서 민중의 삶은 갈수록 힘들어졌습니다.

메카의 상인이던 무함마드570~632는 혼탁한 세태에 실망하며 명상에 잠기는 시간이 많았습니다. 그러다가 신의 계시를 받았다고 하지요. 영어로 '신'이 '갓'이듯이 아랍어로는 '알라'입니다. 무함마드는 메카와 아랍인들 사이에 퍼져 있던 다신교를 부정하고 '유일신'에게 절대 순종하라며 "신 앞에 모든 신자는 평등하다"고 강조했지요. 이슬람교에선 신과 신자들 사이에 '신부'나 '목사'를 두지 않습니다. 혈연, 인종, 신분을 넘어 평등한 종교 사상을 전파하지요.

무함마드가 가난한 사람들을 중심에 두고 포교에 나서자 메카의 부유한 상인들은 탄압에 나섰습니다. 생명의 위협을 느낀 무함마드는 622년 제자들과 메카를 떠나 메디나로 이주했지요. 이슬람교에서는 이를 '헤지라'로 부르며 그 해를 이슬람 원년으로 삼습니다.

신도들의 정신적 지주이자 이슬람 공동체의 수장이던 무함마드는 메디

3

유라시아 대륙의 동서 문명

나에서 세력을 키워 630년 메카로 들어갔습니다. 이어 아라비아반도의 부족들을 모두 통합했지요. 무함마드는 정치와 종교의 최고 지도자였지만 생을 마칠 때까지 검소한 삶을 살았습니다.

632년 무함마드가 사망하자 후계자—'칼리프'로 부릅니다—를 선출해 이슬람 공동체를 이끌어 갔습니다. 포교에 적극 나서 비잔틴 제국의 군대를 물리치고 시리아와 이라크, 팔레스타인, 이집트를 점령했지요. 사산 왕조 페르시아도 멸망시켰습니다. 동쪽으로 인더스강까지 진출하면서 당나라와 국경을 접하게 되었지요. 서쪽으로는 북부 아프리카를 지나 지브롤터 해협을 건너 이베리아반도^{현재 에스파냐}까지 지배했습니다.

이슬람 제국^{사라센 제국}은 어디서든 무거운 세금에 시달리던 민중들에게 간명한 교리를 가르치며 세금을 줄여 주어 환영받았습니다. 다른 종교에는 관용적인 자세를 보였지요. 현재 이슬람의 테러가 종종 일어나는데요. 전체 이슬람인의 극히 일부입니다. 기독교 역사에도 광신자들이 학살을 저지른 사례와 마찬가지이지요.

아랍의 전통을 기반으로 그리스, 로마, 페르시아, 인도 문화가 더해져 다채로운 문화가 형성되었습니다. 유럽과 아시아를 잇는 교역의 중심으로서 '세계의 시장'이라 불렸던 바그다드에는 수많은 학교와 도서관들이 세워졌지요.

천문학에서는 경도와 위도, 자오선의 길이를 정밀하게 측정하고 관측 기구를 만들어 지구가 둥글다는 사실을 일찍이 증명했지요. 의학자들의 저술은 유럽 대학에서 오랫동안 교재로 쓸 정도로 수준이 높았습니다.

이슬람 상인들이 교역로를 따라 문명을 전파하면서 중세 유럽에 큰 영향을 끼쳤습니다. 역사학자들은 르네상스와 근대 과학의 발전에 이슬람 문명이 결정적 기여를 했다고 평가합니다.

상공인의 발흥과
인쇄 혁명

4

15세기가 열리기까지 유라시아 대륙에서 경제력과 군사력이 가장 앞선 곳은 동아시아였습니다. 대다수 중세 유럽인들은 동아시아에 대해 막연하게 알고 있었지요.

유럽에서 동아시아를 보는 우호적이고 동경이 담긴 시선은 16세기와 17세기까지 이어졌습니다. 가령 명과 청나라에서 활동한 예수회 선교사들은 낭만적으로 동아시아를 서술하며 유럽 내부를 비판하는 지식인들에게 영감을 주기도 했습니다. 이슬람을 통해 동아시아의 제지술과 인쇄술, 화약과 나침반이 유럽에 전해졌기에 더 그랬습니다.

유럽의 인쇄 혁명은 동아시아의 제지술과 인쇄술을 바탕으로 15세기에 일어났습니다. 흔히 구텐베르크를 '근대 활판 인쇄술의 발명자'로 정의하지만 정확히 인식할 필요가 있지요. 목판 인쇄는 이미 동아시아에서 5세기 안팎부터 사용되고 있었으며 이슬람을 통해 14세기에 유럽에서도 사용되고 있었습니다. 금속 활자 또한 동아시아의 고려에서 개발되어 불경을 인쇄한 증거가 남아 있습니다.

그럼에도 인쇄 혁명을 '구텐베르크 혁명'이라 부르는 까닭은 그가 포도주를 짤 때 쓰던 압착기를 개조해 근대적 인쇄 기계를 만듦으로써 대량 인쇄의 길을 열어서입니다. 그 이전까지 필사 작업으로 만든 성경은 집 10채 값을 지불해야 구입할 수 있었지요. 성경을 독점적으로 소유한 교회와 사제들은 자신에게 유리한 방식으로 '복음'의 내용을 교인들에게 설명했습니다.

하지만 인쇄 혁명으로 성경이 대량으로 보급되면서 상황이 달라졌죠. 상공인들을 비롯해 민중들이 글을 배워 익히는 계기가 되었습니다.

말은 시간의 제약, 글은 공간의 제약이 있었지만 인쇄 혁명은 시간과 공간을 모두 넘어 많은 사람들을 연결해 주었습니다. 인류가 문자를 발명한 뒤 그것으로 기록한 책을 대량으로 유포하기까지 4500년이 흐른 셈입니다.

인쇄 혁명과 종교·귀족 계급의 몰락

인쇄 혁명으로 책을 비롯한 인쇄물이 대량 유포되면서 귀족과 성직자들이 성경과 지식을 독점하던 시대는 막을 내렸습니다. 봉건 제도를 군사적으로 뒷받침하고 있던 기사 계급은 화약이 전쟁에 사용되면서 이미 빠르게 몰락했지요.

인쇄 혁명이 촉발한 지식 혁명은 종교 개혁과 르네상스는 물론이고 유럽인들이 항로 개척에 나서는 데도 밑절미가 되었습니다. 마르코 폴로의 『동방견문록』이 활자화하면서 유럽인의 호기심을 한껏 자극했거든요.

특히 향신료와 같은 '동방' 물품은 시장에서 상당히 값비쌌기 때문에 유럽인들은 아시아와 직접 교역로를 확보하고자 안달이었지요. 마침 이슬람 문명과의 소통으로 지리학·천문학·조선술이 발달해 갔습니다. 무엇보다 나침반으로 원거리 항해가 가능해졌지요.

지중해 중심의 무역에서 소외 받아 왔던 에스파냐와 포르투갈 왕국이 새로운 항로 개척에 적극 나섰습니다. 두 왕국은 이슬람과의 싸움을 통해 왕권이 강화되어 적극적으로 탐험가들을 지원할 수 있었습니다.

선두 주자는 대서양 연안의 포르투갈 왕국이었습니다. 1487년 포르투갈이 지원한 바르톨로뮤 디아스가 '희망봉'이라고 명명한 아프리카 남단에 도착했습니다. 이어 1498년 바스쿠 다 가마가 희망봉을 돌아 인두로 가는 항로를 개척했지요.

포르투갈은 인도를 자주 오가면서 인도양의 해상권을 장악했고 향료의 생산지인 말라카 제도를 손에 넣었습니다. 이어 동아시아로 나아가 16세기에는 마카오를 점령했지요.

포르투갈에 자극받은 에스파냐는 1492년 콜럼버스를 후원했습니다. 동쪽으로 항로를 개척한 포르투갈과 달리 인도로 가는 서쪽 바닷길 개척에 나섰지요. 콜럼버스는 대서양을 건너 자신이 도착한 땅이 인도라고 생각했습니다. 아메리카의 섬들임에도 '서인도 제도'로 이름이 붙여진 이유이지요.

콜럼버스가 탐험에 나선 계기 또한 책 『동방견문록』이었습니다. 책에 황금 섬 '지팡구'가 등장하는데요. 마르코 폴로는 지팡구가 동아시아 바다에 있는 4000여 개의 섬 중 가장 큰 섬이며, 그곳 사람들은 금을 마치 돌을 보듯 한다고 기록했습니다.

흔히 '지리상의 대발견'이라는 말을 쓰지만 오랜 세월에 걸쳐 살아온 선주민들이 있었기에 '발견'은 옳지 않을뿐더러 이른바 '탐험 정신'의 실체는 '탐욕'이었습니다. 콜럼버스가 아메리카에 내디딘 첫발은 유럽인들에게는 새로운 시대가 열리는 전환점이었지만, 그곳 선주민들에게는 무시무시한 재앙의 들머리였습니다.

백인들이 정복해 가는 과정에서 집단 학살과 강제 노역이 벌어졌습니다. 16세기에 대략 3400만 명으로 추산되던 멕시코 고원과 안데스 고원의 선주민들은 17세기에 이르러 고작 127만 명으로 줄어들었습니다.

에스파냐 '탐험가'—또는 탐욕가—들은 지구가 둥글다는 사실만 믿고 계속해서 서쪽으로 가면 인도에 도착할 수 있다는 생각을 포기하지 않았는데요. 마젤란이 다부진 결기로 항해에 나섰지요.

16세기 동판화가이자 출판업자인 테오도르 드 브리의 작품입니다. 『위대한 항해』에 실려 있는 위 그림은 1492년 10월 12일에 '신대륙'에 도착한 콜롬버스와 그의 병사들이 땅에 십자가를 박아 세울 때 그들에게 황금을 선물하며 환영하는 선주민들의 모습입니다. 그 아래는 곧이어 살아 있는 선주민들을 개 먹이로 던져 준 백인들의 만행을 담고 있습니다.

태평양이 얼마나 넓은지 미처 몰랐기에 서쪽으로 인도에 가고자 했던 거죠.

힘겹게 태평양을 건너 필리핀에 도착한 마젤란은 그곳 민중들에게 무력을 앞세워 기독교 신앙을 강요했습니다. 하지만 우습게 본 그들과 전투하다가 죽음을 맞았습니다. 가까스로 살아남은 부하들이 항해를 이어 가 인도양과 희망봉을 거쳐 1522년에 에스파냐로 돌아왔지요. 사상 최초로 세계 일주에 성공하며 지구가 둥글다는 사실을 입증한 셈입니다.

하지만 아메리카는 유럽과 접촉하면서 에스파냐의 정복자들에 의해 철저히 파괴되었습니다. 에스파냐의 총과 대포, 금속 투구와 갑옷 앞에 선주민들의 방어력은 무력할 수밖에 없었으니까요. 에스파냐는 아메리카 선주민과 아프리카의 흑인 노예들을 동원해 막대한 금과 은을 채굴했습니다. 금·은을 에스파냐로 가져가고 현지에선 대농장을 조성해 사탕수수와 담배를 재배했습니다.

백인들의 살육과 착취로 선주민의 인구는 크게 줄어든 반면에 아메리카에서 채굴한 금과 은이 유럽 전역에 흘러가면서 경제가 빠르게 성장해 갔습니다. 이미 십자군 전쟁의 길목이었던 이탈리아 몇몇 도시에서 큰돈을 모은 상공인들은 한층 경제적 번영을 누렸지요.

이탈리아반도는 로마 제국의 중심이었기에 고전 문화의 전통이 많이 남아 있었습니다. 그뿐만 아니라 비잔틴 제국이 멸망할 때 피

신해 온 학자들이 많았지요. 그들을 통해 그리스·로마 고전이 오롯이 퍼질 수 있었습니다.

그리스 문헌을 수집하고 연구하던 사람들은 유럽의 중세를 지배하던 기독교의 틀에서 비로소 벗어날 수 있었습니다. 신 중심의 세계 질서에서 인간이 억압당해 온 사실을 뒤늦게 인식하게 된 거죠.

'사람다움'을 의미하는 후마니타스humanitas에서 비롯한 인문주의는 인간의 개성과 세속적 욕망을 긍정했습니다. 그들이 르네상스—프랑스어로 '부활'—운동에 앞장선 이유입니다.

먼저 미술과 건축에서 도드라진 변화가 나타났습니다. 원근법과 명암법이 도입되었고, 인간의 감정을 있는 그대로 묘사하며 인체를 사실적으로 표현했지요. 문학 작품은 통렬했습니다. 보카치오의 『데카메론』은 기독교 성직자들이 농민의 아내나 딸들을 농락하며 딴전 피우는 위선과 귀족들의 부패상을 신랄하게 비판했습니다.

르네상스는 16세기에 알프스를 넘어 유럽 전역으로 퍼져 갔습니다. 중세 봉건 세력과 교회의 영향력이 여전히 강한 지역에선 '초기 기독교' 정신으로 돌아가자는 운동이 일어나면서 교회와 지배 세력에 대한 비판이 커져 갔지요.

근대 과학 혁명과 상업 혁명

유럽 대륙의 깊은 곳에서도 변화의 거센 바람이 불고 있었습니다. 폴란드의 천문학자 코페르니쿠스는 과학적 근거를 제시하며 지동설을 주장했습니다. 인간과 자연에 관심이 높아 가던 시대에 코페르니쿠스의 지동설은 근대 과학 혁명을 선구했지요. 지동설에서 출발한 과학 혁명은 뉴턴의 물리학에 이르기까지 거침없이 나아가며 중세적 세계관을 뒤흔들었습니다.

1000년이 넘도록 종교적 권위는 말할 것도 없고 중세 유럽인들의 일상생활을 지배하면서 막강한 권력과 부를 독점해 온 로마 가톨릭 교회는 영향력이 또렷하게 줄어들어 갔습니다. 그 상황에서 교황 레오 10세가 성 베드로 대성당을 개축한다며 '면죄부'를 판매하자 종교 개혁 운동이 일어났지요.

1517년 루터가 공개적으로 쓴 『95개조 반박문』이 도화선이었습니다. 루터는 면죄부를 구입하면 죄와 벌이 사라진다는 허구성을 날카롭게 비판하고 인간은 오직 신의 은총과 믿음으로 구원을 받으며 성서만이 신앙의 유일한 근거라고 주장했지요.

일개 신부가 교황의 권위에 정면으로 도전하고 나선 셈이지요. 파문당한 루터는 그를 지지하는 제후와 농민들의 도움으로 도피할 수 있었습니다. 은신하면서 성서를 독일어로 번역하고 교회 개혁 운동을 추진해 갔습니다. 루터의 반박문은 인쇄술을 통해 유럽

독일의 율리우스 휘브너가 그린 〈95개조 반박문을 내거는 마르틴 루터〉(1878년)입니다. 한 소년이 95개 반박문을 비텐베르크 대학 교회의 문에 붙이고 있는 동안, 루터가 모여든 군중들에게 연설을 하는 모습입니다.

의 여러 지역으로 전해졌지요.

　이미 중세 시대에 기독교는 서유럽과 동유럽으로 갈라졌는데요. 종교 개혁을 계기로 서유럽 교회가 다시 양분됩니다. 기존의 교회는 가톨릭 성당 또는 구교, 새로운 교회는 프로테스탄트 또는 신교로 불렸습니다. 둘 사이의 대립은 격화되어 유럽 곳곳에서 전쟁으로 비화되었습니다.

　기독교의 신·구교 대립 과정에서 유럽은 국왕을 중심으로 재편되어 갔습니다. 마키아벨리는 『군주론』에서 분열된 나라를 통합하려면 강력한 군주가 필요하다고 역설했습니다.

봉건 귀족 계급과 신흥 상공인 계급 사이의 대립을 조정하며 커져 가던 왕권은 이윽고 절대 왕정의 시대를 열었지요. 절대 왕정은 중세 봉건 왕국에서 근대 국민 국가로 옮겨 가는 과정에 나타난 정치 형태입니다.

절대 군주는 왕권신수설—왕의 권력은 신이 내려준 것이기에 왕명에 무조건 복종해야 한다는 주장—을 이용해 전제 정치를 정당화하면서 상비군과 관료제를 통해 권력을 강화해 갔습니다. 말글살이에서도 중세의 보편 언어인 라틴어에서 벗어나 자국어로 문학 작품을 쓰기 시작했지요.

절대 왕정의 상비군과 관료제는 재정이 넉넉해야 유지할 수 있습니다. 왕들은 재정난을 타개하기 위해서라도 식민지 쟁탈에 적극 나섰지요. 대서양을 건너 식민지를 통해 막대한 이익을 챙긴 에스파냐와 포르투갈의 길을 따라간 거죠.

국가들 사이의 왕위 계승과 영토를 둘러싼 전쟁도 잦았습니다. 전쟁을 치르면서 그때까지 로마 교회와 신성 로마 제국의 틀에 갇혀 있던 유럽은 각 왕국마다 민족적이고 중앙 집권적인 체제를 갖춰갔지요.

각 왕국들은 상공인들의 경제 활동을 통제하면서도 국내 산업을 보호하고 육성하는 중상주의 정책을 채택했습니다. 상공인들이 더 많은 돈을 벌 때마다 더 많은 세금을 걷을 수 있었거든요. 상업이 빠르게 성장하며 대자본을 축적해 갔기에 '상업 혁명commercial revolution'으로 부르기도 합니다. 상공인들의 사회적 지위는 갈수록 높아 갔지요.

중상주의 아래 왕국마다 앞을 다퉈 아메리카 대륙으로 들어가고 새 항로를 개척하면서 유럽 경제는 비약적으로 성장했습니다. 동시에 왕국 사이에 충돌의 시간도 다가오고 있었지요.

에스파냐 왕국은 당시 아메리카의 금과 은으로 경제적 번영을 누리고 있었는데요. 그들이 자랑하던 '무적함대'가 영국 해군에 패하면서 해상권을 빼앗기게 됩니다. 16세기 말부터 에스파냐의 전성기는 시들고 영국이 패권을 장악하게 되지요.

영국의 엘리지베스 여왕은 에스파냐의 함대를 격파한 여세를 몰아 식민지 개척에 적극 나섰습니다. 인도까지 침입해 동인도회사를 세우며 아시아 침탈의 발판으로 삼았지요.

프랑스에서는 절대 왕정의 기초를 마련한 앙리 4세에 이어 '짐이 곧 국가'라는 말로 유명한 루이 14세재위 1643~1715가 등장합니다. 그는 만일 "군주에게 반란을 일으킨다면 비록 군주가 악인이든 압제자이든 영원한 죄를 짓는 것과 같다"고 엄포를 놓았습니다. 중상주의 정책을 펼쳐 국부를 축적하고 상비군을 마련해 전성기를 누렸습니다. 하지만 화려한 베르사유 궁전 건축에 이어 에스파냐 왕위 계승 전쟁에 참가하면서 국력을 소모했지요.

에스파냐의 지배를 받던 네덜란드는 신교도들을 중심으로 전쟁을 일으켜 독립했습니다. 이어 동인도회사를 세우고 아시아로 진출했습니다. 곧바로 포르투갈의 무역 거점을 빼앗으며 17세기에 크게 번영했지요. 북아메리카에도 식민지 '뉴암스테르담'을 세웠는데요. 오늘날의 뉴욕시입니다.

서유럽에서 상공인들이 발흥하며 식민지 개척에 뛰어들어 자본주의 체제를 형성해 갈 때 동유럽은 봉건 귀족 계급들이 여전히 강력한 세력을 유지하고 있었습니다. 상공업도 해상 활동도 약했기 때문이지요. 왕은 귀족들을 관료와 군대 지휘관으로 대거 등용하고 그들의 특권을 보장해 줌으로써 자유를 얻어 가던 농민들은 다시 농노 신분으로 전락해 갔지요.

종교 개혁의 여파로 가톨릭과 개신교 사이에 전쟁이 일어나 '30년 전쟁'의 무대가 된 중부 유럽지금의 독일 지역에서는 프로이센 왕국과 오스트리아 왕국이 떠오르며 강국이 되었습니다. 프로이센 왕국의 프리드리히 2세가 돋보이는데요. 그는 서유럽 국가들을 모방하여 관료제와 상비군을 마련하고 국내 산업을 키웠습니다. '계몽 군주의 모델'로 불리는 왕답게 "국민이 군주를 위해 만들어진 것이 아니라, 군주가 국민을 위해 만들어진 것"이라고 주장했지요.

러시아 왕국에선 17세기 말 표트르피터 대제가 등장해 서유럽의 문물을 적극 받아들이고 내정 개혁과 군비 확장에 힘을 기울였습니다. 스웨덴을 침입해 바다로 나가는 출구를 열고, 상트페테르부르크를 새로운 수도로 건설했습니다. 예카테리나 2세 시대엔 폴란드를 침입해 영토를 확장하면서 대내적으로 농노제를 강화해 갔습니다.

동아시아 농민 봉기와 왕조 교체

서유럽이 상공인들의 발흥으로 근대 문명을 열어 가고 있을 때 동아시아에서도 변화가 일어났습니다. 홍건적의 농민 봉기가 일어나 원나라의 권위가 흔들리자 한족들이 자신감을 되찾았습니다. 명 왕조를 세우며 원나라를 만리장성 너머로 쫓아냈습니다.

1368년 명을 건국한 주원장홍무제은 원의 지배 아래 자리 잡았던 생활 문화들을 바꾸는 데 힘을 쏟았습니다. 유교를 되살리기 위해 곳곳에 학교를 세우고 '육유'라는 윤리 규약을 반포했지요.

홍무제가 반포한 교육 칙어 육유六諭는 부모에게 효도하고, 윗사람을 존경하며, 마을 사람들과 화목하고, 자손을 잘 교육시키며, 저마다 현재에 만족하고, 비위를 행하지 말라는 여섯 개 조항입니다. 역대 황제는 이를 마을 안에서 노인들에게 큰소리로 외치고 다니게 했으며 길목에 써 붙여 늘 실천하도록 했지요. 명나라의 육유는 조선과 일본에도 전해져 유교가 동아시아 문화에 깊숙이 파고들었습니다.

정치 제도는 황제가 직접 행정과 군사권을 장악하는 것으로 바꿨습니다. 과거제도 다시 시행했지요. 왕조가 안정되자 1421년 영락제는 수도를 베이징으로 옮기고 자금성을 건설했습니다. 몽골이 다시 일어나 번성하지 못하도록 여러 차례 공격했고, 남동 해안 지역에 출몰하던 왜구를 토벌하며 베트남을 침략했지요.

눈여겨볼 지점은 명나라의 '신항로 탐색'입니다. 서유럽의 에스파냐와 포르투갈이 항로 개척에 나설 때 명나라의 영락제도 바닷길에 관심이 높았습니다. 서유럽의 항로 개척이 금과 은을 노린 탐욕이었듯이, 명나라의 그것도 영향력을 넓혀 더 많은 조공을 받기 위해서였습니다.

영락제는 환관 정화에게 원정대를 구성해 주었습니다. 정화는 바닷길을 탐색하며 인도양을 지나 아프리카 동쪽 해안까지 이르렀습니다. 그 과정에서 동남아시아에 화교^{한족} 상인들이 퍼졌지요.

그러나 서유럽과 달리 정화의 원정대는 식민지를 건설하지 않았습니다. 영락제가 죽자 항해를 중지했으며 아예 바닷길을 막는 해금海禁 정책을 선택했습니다. 상업을 천시하는 유교 이데올로기가 지배했기 때문입니다. 그만큼 상공인이 세력화하지 못했다는 뜻이기도 합니다.

명은 과거 '정복 왕조'들을 의식해 만리장성을 대대적으로 개축했습니다. 하지만 중기 이후 북방에선 몽골이 다시 침입하고 남동쪽에선 왜구가 활개 쳤습니다. 군사비 지출이 많아지면서 세금을 늘리자 농민들의 불만도 높아 갔습니다. 명 조정에서 권력 다툼이 벌어지는 틈을 타고 환관들의 횡포도 커져 갔습니다.

더구나 만리장성 너머에서 강력한 왕국이 등장하고 있었습니다. 여진족을 재통합한 누르하치가 금을 다시 세웠지요. '후금'입니다. 1636년에는 태종 홍타이지가 국호를 후금에서 '청'으로 바꾸고 몽골과 조선을 침략해 항복을 받아냈습니다.

말 그대로 내우외환의 위기를 맞아 명 왕조는 흔들립니다. 곳곳에서 농민들이 반란을 일으켰는데요. 1644년 이자성의 농민군이 베이징을 점령해 명 왕조의 숨통을 끊었습니다. 이자성은 '대순大順'이라는 나라가 건립되었음을 선포했지요.

이자성은 농민 출신입니다. 한족 역사에서 평민 출신으로 황제가 된 인물은 유방과 주원장에 이어 이자성까지 세 명입니다. 그런데 유방이 세운 한나라는 400여 년 지속했고 주원장의 명나라도 276년을 이어 갔습니다. 이자성의 '대순'은 40여 일 만에 청나라의 침입에 무너집니다.

청은 이자성의 농민군이 자금성을 장악했다는 소식을 듣고 곧장 남진했습니다. '역적'을 토벌한다는 명분을 세워 입성했지요. 결국 이자성이 선포한 '대순'은 한족의 역사에서 왕조로 논의조차 되지 못하고 말았습니다. 다만 농민 봉기의 지도자라는 의미에서 높은 평가를 받습니다.

청은 명 왕조가 지배하던 전역을 장악하며 새로운 정복 왕조로 군림했습니다. 명을 무너트린 참에 그 군사력을 앞세워 적극적으로 영토를 넓혀 갔거든요. 강희제에 이르러서는 명나라가 상대적으로 자율성을 주었던 양쯔강 이남까지 중앙 집권 체제로 흡수했고 타이완대만을 점령했으며 티베트를 복속시켰습니다. 시베리아로 진출하던 러시아와도 네르친스크 조약을 맺어 더는 남쪽으로 내려오지 못하도록 국경선을 확정지었지요.

옹정제는 군기처를 설치해 모든 정책 결정권과 정보를 황제에게 집중시켰습니다. 다음 황제인 건륭제 시기에 청은 전성기를 맞습니다. 티베트 통치를 강화하고 몽골의 잔존 세력과 신장 지역을 정복하며 다양한 민족을 포괄하는 대제국을 건설했지요.

송대에 이미 1억을 넘었던 인구는 16세기 후반에는 2억, 19세기 중반에는 4억을 넘었습니다. 국경선 너머 조선을 비롯한 이웃 왕국들과는 조공·책봉 체제—전근대 시대 동아시아에서 상대 왕국을 정치적·군사적으로 직접 통치할 힘이 부족해 그 존재를 현실적으로 인정할 수밖에 없었을 때 선택한 외교적 형식으로 양국 사이의 문화적·경제적 교류를 위한 통로로 활용된 우호적 관계—를 이어 갔습니다.

청은 유교 문화의 계승자임을 자부하며 과거제를 통해 한족을 대거 등용하고 주요 관직에 만주족과 한족을 함께 임명했는데요. 이를 '만한 병용제'라 불렀습니다. 원나라의 한족 차별화 정책이 반발을 불러온 데서 교훈을 얻은 셈이지요.

명 시대에 이미 활발해진 상공업은 청 시대에 더욱 발전해 도시가 커져 갔습니다. 인쇄 문화도 발달하였지요. 『삼국지연의』와 『수

『삼국지연의』 삽화의 한 장면입니다. 조조가 유비와 대화하는 장면을 담고 있습니다.

호전』, 『서유기』 같은 장편 소설이 인쇄되어 널리 보급되었습니다. 다만 만주족의 전통이던 변발을 한족에게 강요하고, 만주족과 청을 비판하는 논조가 조금이라도 들어 있는 서적은 모두 금서로 지정해 '사상 통제'에 들어갔습니다.

　건륭제는 이미 16세기 말부터 들어와 활동하고 있던 유럽인 선교사의 기독교 포교는 물론 체류를 전격 금지했습니다. 기독교 선교사들은 천문학, 역법, 지리학과 같은 학문을 소개했었는데요.

　건륭제의 조치 이후 청과 유럽의 교류는 19세기까지 거의 중단

되었습니다. 그 시기에 식민지 개척에 몰입하던 서유럽 국가들은 과학 기술을 바탕으로 기관총과 같은 '첨단 무기'들을 개발했지요.

하지만 강력한 청의 위세를 먼저 꺾은 것은 아래로부터의 민중 봉기였습니다. 건륭제 말기에 일어난 백련교도의 봉기[1796~1804]를 진압하느라 청나라 왕실은 재정을 소모했습니다. 가까스로 봉기를 잠재웠지만, 한족들 사이에 청의 위세는 약화되어 갔지요.

한편 유라시아 대륙의 서쪽과 동쪽 사이에서 출몰한 왕국 가운데 눈여겨볼 나라는 오스만 제국입니다. 몽골의 침략과 퇴각 과정에 중앙아시아에서 아나톨리아 지역으로 이동한 투르크 유목민들이 곳곳에 나라를 세웠는데요. 그 가운데 1299년 작은 부족을 이끌던 오스만 베이가 아나톨리아 서쪽 변방에 건립한 오스만 공국이 빠르게 성장해 갔습니다.

이윽고 비잔틴 제국까지 무너트린 오스만은 수도를 콘스탄티노플로 옮기며 이스탄불로 개명했지요. 도시 곳곳에 이슬람 사원과 학교, 시장, 병원, 상인들 숙소를 지어 편의 시설을 제공했고 정착을 원하는 사람들에게 땅이나 집을 나누어 주며 세금까지 감면해 주었습니다.

오스만 제국은 영토를 점점 넓혀 발칸반도 대부분과 아나톨리아, 유프라테스강 유역, 흑해 연안에 이르렀고 이란과 아라비아 지역까지 확장했지요. 이집트와 시리아를 정복할 때는 칼리프직까지 양도받음으로써 이슬람 세계의 최고 지배자가 되었습니다.

이어 헝가리와 합스부르크 공략에 나서 동유럽까지 진출했고 강력한 해군력으로 지중해 제해권을 확보했습니다. 아시아, 유럽, 아프리카 세 대륙에 걸친 광대한 영토를 지배한 오스만 제국은 다양한 민족의 전통문화를 흡수하며 이슬람 문명을 꽃피웠습니다.

15세기 세계적 선진국이었던 조선

 고조선 문명은 고구려·백제·신라에서 신라·발해와 고려를 거쳐 1392년 조선 왕조로 이어졌습니다. 고려 말기에 왜구 토벌로 명성을 얻은 장군 이성계가 유학자이자 중소 지주들인 사대부의 지지를 얻어 조선 왕조를 열었지요.

 조선의 세종은 15세기에 독창적인 문자 '한글'을 창제하는 획기적 업적을 이뤘습니다. 여진족이 종종 침입해 오던 북방에 4군 6진을 개척하여 영토를 압록강과 두만강으로 확정하고, 중앙 집권 체제를 완비했지요. 과거제를 통해 인재를 등용하던 당시 조선의 정치 행정 체계는 그 시기 전 세계에서 가장 선진적이었다고 미국 학계에서도 평가합니다.

 실제로 1400년대 유럽의 어떤 왕국도 조선 왕조처럼 '민본주의'를 내건 중앙 집권 체제를 갖추지 못했습니다. 동아시아에서도 단연 돋보입니다. 물론 그 '민본'이 신분제의 시대적 한계까지 넘어선 것은 아닙니다. 가장 선진적이라는 평가도 어디까지나 중세의 신분제 질서를 전제한 평가입니다. 다만 적어도 조선의 문명이 15세기 초에 세계 정상 수준이었다는 사실은 기억해 둘 만합니다.

 당시 바다 건너 일본은 15세기부터 100여 년에 걸쳐 무사사무라이들이 서로 싸우는 전국 시대였는데요. 도요토미 히데요시가 전국을 통일한 뒤 다져진 전투력으로 조선을 침략했습니다. 1592년 당시 조선은 오랫동안 평화가 지속되면서 국방력이 약화된 상태였지요. 일본의 침략 전쟁^{임진왜란·정유}^{재란}에 이어 청의 침략^{병자호란}으로 조선 민중들은 큰 고통을 겪었습니다.

남쪽과 북쪽에서 각각 외세의 침략을 겪으면서 조선 사회는 많은 변화가 일어났습니다. 지배 세력인 양반 계급이 외침에 얼마나 무기력한가를 직시한 민중들은 각성했습니다. 폐쇄적 신분 제도가 흔들리면서 신분 사이에 이동이 활발해졌지요.

농업 중심의 자급자족적 경제 체제에도 변화의 움직임이 나타났습니다. 이앙법이 전국적으로 확대되어 농업 생산량이 늘어났고, 상품 작물이 널리 재배되면서 상업 활동도 활발해졌지요. 영조·정조 시대에 경세치용을 추구하는 실학자들이 등장했습니다.

하지만 정조 사후 19세기에 들어서면서 양반 계급은 기득권 지키기에 급급했습니다. 주자학만 되뇌면서 세계사적 전환기에 조선을 퇴보시켰지요. 세도 정치로 저마다 제 잇속 챙기기에만 몰입해 민중의 삶은 고통에 잠겼습니다. 민중 봉기와 탄압이 19세기 내내 되풀이되었지요.

명장 이순신의 활약으로 조선 정복에 실패한 일본에선 도쿠가와 이에야스가 실권을 잡고 에도^{도쿄}를 중심으로 통치해 갔습니다. 일본 왕은 명목상 지배자였고 '쇼군'이라 불린 장군이 통치한 막부는 나가사키를 개방해 청나라 상인과 네덜란드인의 출입 및 교역을 허락했지요. 그 영향으로 농업과 상업이 크게 발전하여 각지에서 상품 작물이 재배되었고, 상공업자들은 동업 조합을 만들어 이익을 공유하며 재산을 축적했습니다.

에도 막부는 무역을 위해 외국으로 나가는 상인들에게 막부의 도장을 찍어 주며 교역의 공신력을 높여 주었습니다. 상인들은 동남아시아에까지 진출하여 무역에 종사하기도 했지요. 일본이 빠르게 유럽식 근대화를 이룬 배경입니다.

산마루2

총과 '백인 전염병'에 무너진 중남미 문명

15세기 중엽 남아메리카에서는 잉카 문명이 안데스산맥의 고원 지대를 따라 드넓은 제국을 형성하고 있었습니다. 잉카 제국의 왕은 태양의 아들로 추앙받으며 절대적인 권력을 누렸는데요. 왕 이외의 사람들은 개인 재산을 가질 수 없었고 그만큼 상업이 발달할 수 없었지요. 왕은 제국 곳곳의 창고에 식량과 물품을 저장했다가 필요한 지역에 보냈습니다.

잉카 제국은 물자와 정보가 원활하게 유통되도록 전국적인 도로망을 구축했습니다. 잉카의 관리들은 '키푸'라는 결승 문자를 사용했지요. 끈이나 띠로 매듭을 만들어 소통하는 초기적 형태의 문자입니다.

잉카인들은 농업을 근간으로 옥수수, 감자, 콩, 호박 등을 재배했습니다. 자신들의 자연환경에 적합한 농업 기술을 개발했는데요. 잉카 문명의 대표적 요새인 마추픽추Machu Picchu에서 볼 수 있듯이 고원 지대에 축대를 쌓아 계단식 농지를 만들어 농사를 지었습니다. 계단식이기에 토양의 유실을 막을 수 있었고 잘 계획된 수로를 따라 위에서 아래까지 물을 효율적으로 댈 수 있었지요. 그렇게 평지가 부족한 자연환경을 극복할 수 있었습니다.

잉카인들은 치밀한 석조 건축술과 귀금속 세공술, 직조술을 지녔습니다, 약으로 마취하여 외과 수술을 할 정도로 의학 기술도 발달했지요. 하지만 16세기에 내전이 일어나 약화되었던 상황에서 공교롭게도 유럽 백인들이 침략해 오면서 무너졌습니다.

에스파냐의 피사로는 180명의 병사를 이끌고 광대한 잉카 제국을 멸망시켰습니다. 총을 앞세운 백인들은 무기 차이가 압도적으로 컸을 뿐만 아니라 상대를 방심케 한 뒤 급습했습니다.

더구나 백인들이 유럽에서 지니고 온 전염병인 천연두, 홍역 따위에 선주민들의 면역력은 약했습니다. 선주민들에게 '새로운 전염병'은 치명적인 결과를 빚었지요. 백인들은 자신들의 우월한 기술과 무기로 선주민들의 땅을 차례차례 점령해 들어갔습니다.

중남미에서는 고대 마야 문명에 이어 아스테카^{아즈텍}인들이 제국을 건설했습니다. 15세기 무렵 중앙아메리카 대부분을 장악했는데요. 수도에는 거대한 피라미드형 사원과 궁전, 시장이 있었고, 한때 인구가 20만 명이 넘었습니다. 왕 아래 사제와 귀족들이 행정을 맡고, 중간층인 상인들은 교역을 담당했습니다. 도기 제작술, 직조술, 천문학, 수학이 발전했으며, 달력과 공예품을 정교하게 제작했습니다. 아스테카 사회는 막강한 권한을 지닌 왕, 막대한 영지를 소유한 귀족, 상인·수공업자·병사·농민으로 구성된 평민, 노예로 이뤄졌습니다. 아스테카 제국 또한 에스파냐의 침략으로 멸망했습니다.

미국은 1992년에 아메리카 대륙 '발견' 500주년을 기념하며 거대한 축하 행사를 벌였는데요. 아메리카 선주민의 후예들은 백인들이 조상의 땅을 '발견'한 것이 아니라 '침략'한 것이라고 지적했습니다.

5

시민 참여로
성장하는

신업혁명
평생학습

신분제의 계급 사회가 마침내 무너지기 시작합니다. 세계사적 전환점, 바로 시민 혁명입니다. 역사가들은 한목소리로 근대 세계를 '3대 시민 혁명'이 열었다고 평가하는데요. 인쇄 혁명을 기반으로 세계사에 큰 획을 그은 3대 시민 혁명을 차례대로 살펴봅시다.

먼저 영국 혁명입니다. 에스파냐의 무적함대를 침몰시키고 해외 식민지 개척에 적극 나선 엘리자베스 1세는 왕위를 물려줄 핏줄을 남기지 못하고 눈감았습니다. 결국 왕위 계승 서열에 따라 스코틀랜드 출신의 제임스 1세가 영국의 국왕 자리에 올랐지요.

엘리자베스 여왕은 주요 사안에 언제나 의회의 동의를 얻어 국정을 수행했으므로 의회도 왕권에 협조적이었습니다. 하지만 제임스 1세는 왕권신수설의 신봉자였습니다. 영국 왕이 되기 전에 쓴 '자유로운 군주 국가의 참된 법률' 제목의 책자에서 "참된 군주는 신에 의해 창조된 것이기에 오직 신에게만 책임을 진다"며 "군주는 법률을 제정하고 또 그것에 효력을 부여하는 자로서 법률을 초월해 있으며, 국가의 모든 권력은 군주에 절대로 복종할 의무가 있다"고 주장했습니다.

제임스 1세가 영국 정치의 의회주의적 전통을 거부하면서 왕권과 의회의 갈등은 깊어질 수밖에 없었지요. 왕권신수설은 오늘날에는 다들 비웃을 이야기겠지만, 근세 유럽에서 국민 위에 군림하던 절대 군주들에게는 참 좋은 이론적 무기였지요.

정치의 주체 '신민'에서 민중으로

그런데 당시 영국에는 한 세기 전에 사형당한 토머스 모어 1478~1535가 뿌린 씨앗이 싹트고 있었습니다. 모어는 상업주의가 퍼져 가면서 민중의 삶이 야위어 가는 현실을 직시했지요. 양털 값이 폭등하자 지주인 영주들은 돈 벌 욕심에 사로잡혔거든요. 그때까지 영주가 다스리던 땅에서 자자손손 농사지으며 영주에게 충성해 온 농민들을 하루아침에 쫓아내고 양을 길렀습니다. 이른바 '인클로저울타리 치기 운동'이지요.

모어는 "아주 조금밖에 먹지 않는 것이 보통인 이 유순한 짐승인 양이, 이제는 사나운 식욕을 갖게 되어 사람까지 먹어 치우게 된" 상황을 고발했습니다. 모어는 에피쿠로스의 '평정'과 스토아 철학에 매몰되어 정치 참여에 소극적인 인문주의 지식인들을 비판하며 진정한 철학은 '자기의 재능과 열정을 공적인 일에 헌신하는 것'이라고 강조했습니다.

모어는 왕의 독단을 비판하다가 참수당했지만 『유토피아』[1516]를 비롯해 그가 남긴 저작들은 큰 영향을 끼쳤습니다. 모어는 정치의 주체가 '신민'이 아닌 자유롭고 평등한 '민중'이라고 역설했지요.

왕권신수설을 내세운 제임스 1세에게 의회는 자유와 민중의 헌법상 권리를 존중해 줄 것을 요구하는 진정서를 제출했습니다. 제임스 1세는 이를 묵살하고 반발하는 의원들을 감옥으로 보냈지요.

제임스 1세가 절대 왕정을 실행한 버팀목은 왕이 곧 종교의 수장이 되는 영국 국교회—성공회—의 권위였습니다. 당연히 제임스 1세는 국교회를 종교 정책의 중심에 두고 가톨릭과 청교도들을 탄압했습니다. 청교도가 다수였던 의회와는 이래저래 감정의 골이 깊어질 수밖에 없었지요. 그 와중에 몇몇 가톨릭교도가 제임스 1세를 암살하려다 실패한 사건이 벌어졌습니다. 가톨릭과 청교도에 대한 제임스 1세의 증오는 더 깊어졌고, 탄압은 갈수록 가혹해졌지요.

왕과 의회의 정치직·종교적 살등의 이면에는 경제적 이해관계가 깔려 있었습니다. 왕권을 강화한 제임스 1세는 자신의 측근에게 무역의 독점권을 주었거든요. 따라서 모직물 공업의 경영자들이 포진하고 있던 의회와 이해관계가 대립할 수밖에 없었습니다.

왕과 의회의 관계가 악화된 상황에서 1625년 제임스 1세가 죽고 아들 찰스 1세가 왕위에 오릅니다. 그 또한 왕권신수설에 심취해 절대주의를 고집합니다. 취임 이후 내내 의회와 치열한 줄다리기를 벌였지요.

프랑스와 에스파냐의 전제 군주정을 부러워해 온 찰스 1세는 처음부터 의회를 무시했습니다. 국정은 총신 버킹엄 공작과 상의해서 처리했지요. 그의 아버지처럼 측근에게 온갖 경제적 특혜를 주고 사치를 일삼았습니다. 그러면서도 유럽 대륙의 크고 작은 분쟁에 군대를 보내 미주알고주알 간섭했지요. 그러다 국고가 바닥나면 머뭇거림도 없이 세금을 더 거두어들였습니다.

영국 의회는 1628년 찰스 1세에게 '권리 청원'을 제출했습니다. 의회의 허락 없이는 왕이라 하더라도 세금을 더 부과할 수 없고, 누구든 법적 근거 없이 체포될 수 없다는 내용을 담았습니다. 마그나 카르타의 정신을 이어받으면서 한층 구체화한 셈입니다. 찰스 1세의 지론인 왕권신수설과 정면으로 충돌하는 내용이었지요.

찰스 1세는 텅 빈 국고를 채우기 위해 일단 의회가 제출한 권리 청원을 승인했습니다. 하지만 '소나기는 피하고 보자'는 의도였기에 이듬해부터는 의회를 아예 무시하며 통치했습니다.

그런데 스코틀랜드에서 반란이 일어났습니다. 진압하려면 돈이 필요했던 찰스 1세는 다시 의회에 손을 내밀었습니다. 의회는 기다렸다는 듯이 더는 왕이 의회를 무시할 수 없도록 왕권을 제한하는 법을 통과시켰습니다. 동시에 왕의 측근들을 반역죄로 전격 처형했지요.

찰스 1세는 격분했습니다. 의회를 제압하고자 군대를 동원하면서 1642년에 내전이 벌어졌습니다. 영국 정계는 왕당파와 의회파로 쪼개졌지요. 귀족과 성직자들은 왕당파를 지지했고, 신흥 상공인들과 자영농은 의회파를 지지했습니다.

의회파가 왕당파와 8년에 걸쳐 싸운 내전을 '청교도 혁명'이라 부릅니다. 의회파의 주축이 청교도였거든요. 그 지도자가 올리버 크롬웰이었습니다. 근엄하고 청빈했던 크롬웰의 '철기군'은 규율을 엄정히 지키는 정예군이었습니다.

전통적인 귀족과 기사들, 대지주들의 상층 계급이 주도한 왕당파가 내전 초기에는 유리했지요. 하지만 찬송가를 부르며 돌진하는 철기군을 당할 수 없었습니다. 시간이 갈수록 민심과 함께 전세가 의회파로 기울었지요.

결국 국왕에서 일개 죄수로 전락한 찰스 1세는 '대영국에 대한 반역죄' 혐의로 특별 법정에 회부되었습니다. 법정은 그에게 '선량한 민중들을 억압하고 살생한 대역죄'로 사형을 선고했지요. 찰스 1세는 마지막까지 자신이 '신앙에 따라 백성들을 이끌었고, 결국 반역자들에게 무참히 희생당하게 되었지만 오로지 신만이 자신의 과오를 심판할 수 있다'고 주장했습니다.

재판 결과에 따라 그는 참수됐습니다. 신민들이 국왕의 목을 자

화이트홀 궁전 앞에서 진행된 영국 왕 찰스 1세의 참수형을 묘사한 그림입니다. 세계사에서 인류를 오랫동안 지배해 온 왕정은 그 어디에서도 순순히 마침표를 찍지 않았습니다. 혁명 또는 전쟁으로 수많은 민중이 희생당한 뒤 왕정은 하나둘 지구촌에서 자리를 감췄습니다. 현재 일부 국가에 남아 있는 왕들은 정치를 좌우하는 왕정의 군주가 아니라 아무런 실권이 없는 왕실의 상징일 뿐입니다.

른 일은 세계 역사상 처음이었습니다. 왕의 목이 떨어지는 모습은 잔혹해 보일 수 있지만 그가 저지른 전쟁에서 죽은 젊은 생명들과 사치를 뒷받침해 온 민중의 고통을 짚어 보면 다르게 다가오겠지요. 민주주의는 그렇게 한걸음 나아갔습니다.

크롬웰은 공화정을 선포하고 '호국경' 자리에 올라 영국을 통치했습니다. 음주·투기·도박을 전면 단속했지요. 금욕주의적인 청교도 윤리에 입각해 정치를 펼치자 비청교도들을 중심으로 반감이 퍼지기 시작했습니다. 크롬웰은 청교도 방식의 통치를 실행하기 위해 여러 차례에 걸쳐 의회 해산도 감행했거든요.

크롬웰을 지지하는 세력이 다수가 된 의회는 나라를 안정시켜야 한다며 그에게 왕관을 쓰라고 권했습니다. 크롬웰은 공화정에 대한 신념을 내세워 거절했지요. 왕위에 오를 때 군부의 동요를 염두에 뒀다는 해석도 있습니다.

끝내 왕위에 오르지 않았지만 크롬웰의 권력은 처형당한 찰스 1세보다 결코 작지 않았지요. 1658년 죽음을 앞두고 호국경 자리를 자신의 아들 리처드에게 세습하려고도 했습니다. 하지만 그가 죽은 뒤 모든 것이 달라졌지요. 크롬웰의 청교도 독재는 찰스 1세의 아들 찰스 2세를 불러들였습니다. 다시 왕정이 부활했습니다.

영국 '명예혁명'과 미국 독립 전쟁

민주주의로 가는 길은 순탄하지 않았습니다. 찰스 2세는 처형당한 아버지를 의식해 의회와 비교적 순탄한 관계를 이어 갔습니다. 그러나 그를 이어 왕위에 오른 아우 제임스 2세는 절대 왕정을 꿈꾸었습니다.

의회는 가톨릭 신자인 제임스 2세의 왕위 계승을 지지하는 세력 토리당과 비판하는 세력휘그당으로 대립했지요. 제임스 2세가 왕권 강화와 가톨릭의 복고를 추진하면서 의회와의 충돌은 갈수록 커질 수밖에 없었습니다.

이윽고 의회는 토리당까지 가세해 1688년 제임스 2세를 전격 추방하고 그의 딸인 신교도 메리와 그녀의 남편인 네덜란드 총독 윌리엄을 공동 왕으로 추대했습니다. 제임스 2세는 프랑스의 절대 군주 루이 14세의 지원을 얻어 프랑스군을 이끌고 아일랜드에 상륙해 재기를 노렸지만 패배했습니다.

공동 왕으로 즉위한 메리와 윌리엄은 의회가 제출한 '권리 장전Bill of Rights'을 승인했지요. 피를 흘리지 않고 입헌 군주제로 혁명적 전환을 했기에 '명예혁명'으로 부릅니다. 물론 그 밑절미에는 찰스 1세—제임스 2세의 아버지—의 처형이라는 역사적 사건이 작동하고 있었지요.

1689년에 제정된 권리 장전은 영국 헌정사만이 아니라 세계 민주주의 역사에서 중요한 의미를 갖습니다. 왕은 의회의 승인 없이 법을 제정하거나 법의 효력을 정지시킬 수 없고, 세금을 부과할 수 없도록 명문화했거든요. 군대를 유지하는 일도 의회 승인이 필요하게 되었지요. 의회에서 토론은 자유로워야 하고, 법은 공정하고 적절하게 운영되어야 한다고 선언했습니다. 권리 장전은 미국의 독립 선언, 프랑스 인권 선언에 영향을 끼쳤지요.

명예혁명 이후 영국 의회는 종교의 자유를 보장하는 관용법, 왕의 요청이 없어도 해마다 의회를 열고 3년마다 의회 선거를 실시하는 3년 회기 법을 차례로 제정하며 정치적 위상을 확고히 굳혔습니다. 권리 장전을 계기로 영국 정치의 주요 무대는 왕궁에서 의회로 바뀌었습니다.

영국은 18세기 들어 앤 여왕 시기에 스코틀랜드를 합병하고 연합 왕국을 수립했습니다. 앤 여왕이 후계자 없이 사망하자, 왕위 계승 법에 따라 1714년 국왕으로 즉위한 사람은 독일에 살고 있던 하노버공 조지 1세였지요. 영어도 하지 못했을 뿐만 아니라 영국 안에서 그를 지지하는 정치 세력도 거의 없었습니다. 바로 의회의 노림수였지요. 의회에서 다수를 차지한 정당이 내각을 조직하여 의회에 책임을 지는 내각 책임제의 관례가 그때부터 확립되었습니다.

왕은 정치를 모두 내각에 맡겼지요. 정치적 안정을 갖춘 영국은 활발하게 해외 진출을 전개했고, 산업 혁명을 일으키며 자본주의 발전에 가장 앞장설 수 있었습니다.

영국이 입헌 군주제를 정립해 나가던 시기에 경제적 이익 혹은 종교적 자유를 찾아 북아메리카로 이주하는 영국인이 늘어났습니다. 프랑스·에스파냐 사람들도 다양한 목적으로 북아메리카에 들어왔지요.

영국인들은 1607년 오늘날의 미국 버지니아에 처음 도착하며 이주를 시작했습니다. 영국을 떠난 이유는 다양했는데요. 경제적 이익을 얻으려는 욕망으로 건너온 사람, 영국의 왕정이 싫은 사람, 종교적 압박을 받았던 사람들이 섞여 있었습니다. 특히 국교인 성공회를 강요받은 청교도들은 종교적 자유를 찾아 메이플라워호를 타고 동북 해안에 도착했습니다. 지금의 매사추세츠주에 정착촌을 형성했지요.

아메리카에 백인들의 정착이 급증하면서 영국과 프랑스 사이에 갈등이 불거집니다. 이미 유럽에서 충돌했던 두 왕국은 북아메리카에서도 지배권을 놓고 전쟁을 벌였습니다. 그 전쟁을 '프렌치-인디언 전쟁'으로 표기하는데요. 프랑스와 북아메리카 선주민들이 연대했기 때문입니다. 선주민들을 적대시한 영국과 달리 프랑스는 선주민 문화에 관용적이었지요. 전쟁은 영국의 승리로 끝납니다.

영국은 프랑스에 이겼지만 막대한 전쟁 경비로 재정이 흔들렸습니다. 식민지 거주민들에게 세금을 더 많이 걷겠다는 방침을 세웠지요. 식민지에서 발행되는 모든 상업 문서, 신문, 잡지, 학위 증서에 영국 정부가 발행한 인지를 붙여야 한다고 규정했습니다. 인지세이지요.

게다가 식민지로 수입되는 차·종이에도 관세를 거뒀습니다. 그에 따라 식민지 영국인들의 불만은 높아갈 수밖에 없었지요. 그들은 영국 의회에 '식민지 대표'를 보낸 적이 없으므로 세금을 낼 수

보스턴 차 사건을 묘사한 석판화입니다(1846년). 아메리카 선주민으로 변장한 식민지 백인들이 차 상자를 바다로 집어던지고 있습니다.

없다는 명분을 내세우고 '세금 거부 운동'을 대대적으로 전개했습니다. 자신들은 참여하지 못하는 영국 의회의 결정에 따르지 않겠다는 선언이지요. "대표 없이 과세 없다No taxation without representation"는 원칙은 민중의 참정권과 납세 의무의 관계를 웅변합니다.

영국 의회가 식민지인들이 즐겨 마시는 차까지 동인도회사에 독점적 판매권을 주자 보스턴 차 사건1773년이 발생했지요. 식민지인들이 보스턴 항구에 정박 중인 동인도회사의 배에 올라가 그곳에 가득 실린 차 상자들을 모두 바다에 던져 버린 사건입니다.

영국 정부는 즉각 보스턴 항을 폐쇄하고 군대를 추가로 배치하고 나섰지요. 영국군과 식민지의 민병대가 충돌하기 시작합니다.

그 시점에 토머스 페인이 출간한 작은 책 『상식』이 큰 파장을 일으킵니다.

언론인으로 활동하던 페인은 왕이 지배하는 영국의 정치 체제를 비판하면서 단순히 세금 문제에 머물 것이 아니라 식민지에서 독립해 공화제를 구현하자고 주장했습니다. 50쪽의 작은 책은 몇 달 만에 50만 부가 팔렸지요. 미국 독립 선언문의 기초가 되었습니다.

13개 주 대표들은 필라델피아에서 회의를 열고 영국에 식민지인의 권리와 자유를 주장했는데요. 본국의 탄압이 이어지자 조지 워싱턴을 총사령관으로 임명하며 전열을 정비하고 1776년 독립을 선언했습니다.

전쟁 초기에는 열세에 몰렸지만 영국의 경쟁국인 프랑스와 에스파냐의 지원을 받으면서 점차 전세를 역전시켰습니다. 결국 1783년에 13개 주의 독립을 인정한 파리 조약이 체결되었지요.

13개주 대표들은 제헌 회의를 열어 각 주의 자치권을 인정하되 전쟁 선포권과 외교권을 중앙 정부에 두는 새로운 연방 헌법을 제정했습니다. 조지 워싱턴이 아메리카합중국^{미국}의 초대 대통령으로 선출됨으로써 새로운 형태의 민주 공화국이 탄생합니다.

미국 독립 선언문은 유럽과 동아시아 모두 왕정이 지배하고 있던 시대에 자못 혁명적이었습니다. "모든 사람은 평등하게 태어났으며, 창조주로부터 생명, 자유, 행복의 추구를 포함하여 다른 사람에게 양도할 수 없는 확실한 권리를 부여받았다"는 선언에 이어 어떤 정부든 그 권리를 침해한다면 안전과 행복을 가장 잘 구현할 수 있는 "새로운 정부를 조직하는 것이 민중의 권리"라고 강조했습니다.

미국의 독립 전쟁과 새로운 민주 공화국의 등장은 왕정에서 벗어나 민주주의를 일궈 가는 역사에 큰 진전이었습니다. 에스파냐와 포르투갈의 식민지에서 살고 있던 남아메리카 민중들에게도 독립 열망을 키워 주었습니다.

계몽사상과 프랑스 혁명의 자유·평등·우애

토머스 페인의 『상식』과 미국 독립 선언문에는 유럽의 계몽사상이 짙게 스며 있는데요. 프랑스 계몽사상가인 몽테스키외, 볼테르, 루소의 영향이 컸습니다. 몽테스키외는 영국의 로크가 거론한 권력 분립론을 구체화했지요. 입법·사법·행정의 삼권 분립에 입각한 정치 형태가 가장 이상적인 정치 체제임을 강조했습니다.

볼테르는 온갖 특권을 누리던 귀족들에 대한 민중의 반감을 문학 작품에 담으며 언론의 자유를 주장했습니다. 볼테르의 작품 『캉디드』를 잠깐 들춰 볼까요.

"무수한 총검과 대포가 수만 명의 목숨을 앗아간 뒤 왕이 막사에서 승리를 위해 신에게 감사와 찬미의 노래를 하고 있는 동안, 군대는 마을을 불살라 잿더미로 만들었다. 여기서는 부상당한 노인들이 참혹하게 학살당하여 피투성이가 된 젖을 어린애에게 물린 채 죽어가고 있는 자기 아내들의 모습을 지켜보고 있었고… 또 다른 곳에서는 전신이 반쯤 불에 탄 사람들이 제발 빨리 죽여 달라고 부르짖고 있었다. 뇌의 수액은 잘려 나간 팔다리 곁의 땅바닥에 널려 있었다.”

다 옮기기엔 너무 끔찍해 중간을 생략할 수밖에 없었습니다. 더러 할리우드 영화를 보면 낭만적으로 그려지는 왕과 기사들이 저지른 살풍경입니다. 중세 시대에 지배 세력의 잦은 싸움으로 인간성이 처참하게 짓밟히는 야만의 현장을 고발한 작품이지요.

루소는 사회 구성원의 전체 의사가 주권이라며 사회 계약을 통해 국가가 형성된다고 주장했습니다. 국가의 권력은 민중에게서 나온다는 혁명적 사상으로 프랑스 혁명과 민주주의 이념 형성에 큰 영향을 끼쳤습니다.

달랑베르와 디드로를 중심으로 한 계몽사상가들은 18세기의 진보적인 철학, 과학, 기술 지식을 망라해 『백과전서』를 편찬했지요. 인쇄 혁명으로 지식에 목말랐던 사람들에게 큰 주목을 받아 여러 차례 재발행했습니다. 백과사전 기고자들을 ‘백과전서파’라 부르는데요. 『백과전서』는 끊임없이 인쇄되어 유럽 곳곳에 퍼져 나가면서 민중이 종래의 종교적 억압이나 미신에서 벗어나 자유롭게 사고할 수 있도록 도왔습니다.

계몽사상가들은 저술 활동으로 절대 왕정과 교회의 불합리성을 비판하고 풍자해 종종 금서로 지정되거나 정치적 탄압을 받았습니다. 물론 시대적 한계도 뚜렷했습니다. 대부분의 계몽 사상가들은 상공인들이 중심인 시민 계급의 자유를 주장하면서 노예 제도는 물론 인종·여성 차별 문제에 소극적이거나 오히려 옹호하는 자세를 보였지요.

예컨대 삼권 분립을 주장한 몽테스키외는 "흑인을 노예로 부릴 권리"가 정당하다고 강변했습니다. 그에겐 "피부색이 인간의 본질을 구성하는 것은 너무도 당연한 생각"이고 "흑인들을 인간으로 가정하는 것조차 불가능"했습니다. 흑인을 "인산으로 가정하면 우리 자신 또한 하느님의 자식이 아니라고 믿기 시작할 것"이라고 부르댔지요.

루소조차 "여성의 본질은 절제와 인내·겸손·침착함과 같은 부드러운 매력에 있다"면서 인간으로서 여성적이기 위해서는 남성에게 전적으로 의존하여야 하며, 결혼하면 남성과는 달리 재능을 계발하지 않고 타인 앞에 나서지 않아야 한다는 황당한 논리를 폈습니다. 그 연장선에서 루소는 여성에게 시민권을 주어서는 안 된다고 주장했지요.

계몽사상이 퍼져 가고 있음에도 프랑스 왕실은 화려한 사치에 매몰되어 있었습니다. 영국을 견제할 목적으로 미국의 독립 전쟁을 지원하면서 재정은 한층 궁핍해졌습니다. 게다가 미국이 독립해서 공화국을 선포했다는 소식이 프랑스에 전해지면서 정치 변혁에 대한 민중의 열망은 폭발 직전에 이르렀습니다.

그럼에도 루이 16세는 세금을 더 걷으려고 삼부회를 소집했습니다. 삼부회는 성직자^{제1신분}, 귀족^{제2신분}, 평민^{제3신분}으로 구성된 신분제 의회였는데요. 1789년 베르사유 궁전에 모인 삼부회의 의원들 사이에 투표의 표결 방식을 놓고 의견 대립이 벌어졌습니다.

제1신분과 제2신분은 기존의 전통적 방식인 신분별 투표를 고집했지만, 제3신분의 대표들은 전체 회의와 다수결 투표를 주장했습니다. 당시 프랑스는 출생에 따른 신분제를 법과 관습으로 정당화하는 낡은 체제^{앙시앵 레짐}였습니다. 제1신분인 성직자와 제2신분인 귀족을 더해도 전 인구의 2%밖에 안 되었거든요. 그런데 그들은 세금을 면제받았을 뿐만 아니라 관직을 독점했지요.

상인, 농민, 수공업자를 비롯해 민중들이 인구의 98%를 차지하고 있었는데요. 제3신분은 과중한 세금을 부담하면서도 정치적 권리에서는 제외되고 있었습니다. 경제적으로 성장한 상공인들을 중심으로 한 제3신분은 계몽사상의 영향을 받으면서 구체제의 모순을 자각하게 되었지요.

삼부회가 한 걸음도 나아가지 못하자 제3신분의 대표들은 자신들의 뜻에 공감하는 성직자·귀족들과 함께 궁전의 테니스 코트에 따로 모여 회의를 진행했습니다. 자신들이 프랑스를 대표하는 의회임을 선언하고, 새로운 헌법을 제정할 것을 결의했지요. 이를

장 피에르 루이 로렌트 휴엘의 작품 〈시민들에게 공격받는 바스티유 감옥〉. 1789년 프랑스 혁명은 바스티유 감옥을 습격하며 막이 올랐습니다. 그날을 혁명 기념일(7월 14일)로 기념하고 있습니다.

'테니스 코트의 서약'이라고 합니다. "새 헌법이 공포·실시되기 전까지 일치단결"을 다짐하며 "우리들이 모이는 장소가 어디든 간에 그것은 모두 의회"라고 선언했습니다.

　새로 구성한 의회가 헌법 제정 작업에 들어가자 국왕이 나섰습니다. 군대를 동원해 의회를 무력으로 해산시키려 했지요. 새 의회를 지지하는 파리의 민중들은 왕의 군대에 맞설 무기와 화약을 확보하려고 바스티유 감옥으로 몰려갔습니다.

　바스티유는 절대 왕정을 비판하는 귀족이나 문필가를 국사범으로 투옥한 전제 정치의 상징이었지요. 그 감옥을 민중들이 습격한 1789년 7월 14일을 프랑스는 '혁명 기념일'로 정해 기념하고 있습니다.

파리의 민중들이 바스티유 감옥을 부쉈다는 소문이 삽시간에 퍼지면서 혁명의 열기가 전국으로 끓어올랐습니다. 농민들은 곳곳에서 영주의 성을 습격하고 장원의 문서를 불태웠지요. 귀족의 특권을 폐지하라고 요구했습니다. 그 시점에 국가 구성원의 대다수인 농민들의 저항이 불붙자 의회는 바로 '봉건적 특권'의 폐지를 선언하며 혁명의 이념을 담아 '인간과 시민의 권리 선언'을 발표했습니다.

선언은 제1조에서 "인간은 자유롭고 평등하게 태어나 살아간다"고 천명했고 3조에서 "모든 주권의 원리는 본질적으로 민중에게 있다. 어떤 단체나 어떠한 개인도 명백히 민중으로부터 유래되지 않은 권력을 행사할 수 없다"고 단언했습니다.

그러나 왕은 여전히 완강했습니다. 새 의회를 인정하지 않고 혁명을 어떻게 저지할 것인가에 골몰했습니다. 분노한 파리 민중들은 베르사유 궁전에 있던 왕을 파리로 옮겨 놓고 감시 체제 아래두었습니다. 의회는 개혁을 본격적으로 추진해 1791년에 시민의 권리와 의무, 입헌 군주제를 명시한 새 헌법을 제정했지요.

의회가 교회의 재산을 몰수하고, 행정 구역을 재편하는 과정에서 루이 16세가 오스트리아로 탈출하는 사건이 일어났습니다. 하지만 국경 부근에서 붙잡혔지요. 왕에 대한 민중의 반감은 한층 고조되었습니다. 분노한 혁명 지도부는 왕과 왕비를 단두대에서 처형합니다.

프랑스 혁명이 자유와 평등을 선언하고 군주제 폐지를 실행에 옮기면서 유럽의 왕국들은 큰 불안감에 휩싸였습니다. 무엇보다 단두대 처형은 유럽 각국의 왕과 왕비들에게 충격과 공포감을 불러일으켰지요. 왕비의 모국이던 오스트리아가 앞장서고 영국과 프로이센이 중심이 되어 혁명의 전파를 막을 동맹을 결성했습니다.

혁명을 저지하려는 동맹국들과 프랑스 사이에 여러 차례 전쟁이 벌어졌습니다. 그 결과로 프랑스의 물가가 크게 오르고 생필품 부족을 비롯해 경제 위기가 심화됐지요. 왕당파를 비롯해 반혁명 세력의 움직임도 갈수록 거셌습니다.

안팎의 위기를 맞아 로베스피에르를 중심으로 한 강경파는 온건파를 몰아내고 권력을 재편성했습니다. 강경파들이 자주 모였던 수도원 이름을 따서 '자코뱅파'로 불렸지요. 로베스피에르는 젊은 시절에 가난한 사람들을 대변하는 변호사로 활동했습니다. 언제나 검소한 생활을 했고, 단정한 용모에 소박한 예의범절을 지켜 나갔지요.

혁명 정부는 곡물과 일용품의 가격을 통제하고 귀족의 토지를 몰수해 민중의 환호를 받았습니다. 징병제를 통해 조직한 군대로 프랑스를 위협하는 외국 군대의 침략을 물리쳤지요. 동시에 혁명

에 반대하는 세력을 색출해 뿌리 뽑기 위해 공안위원회와 혁명재
판소를 열었습니다. 반혁명 분자들에 대한 단두대 처형이 늘어났
지요.

로베스피에르가 주도한 과감한 혁명 정치에 공포를 느끼는 사람
들이 시간이 갈수록 늘어났습니다. 반대 세력은 치밀한 모의 끝에
로베스피에르를 기습했습니다. 결국 그는 혁명 동지들과 함께 단
두대에 올랐습니다.

로베스피에르의 연설문을 읽어 보면 그의 사회적 이상은 명확합
니다. 부의 불평등을 줄이고 모든 사람에게 교육과 일터를 보장해
주는 나라였지요.

로베스피에르가 처형되면서 5명의 총재가 행정을 담당하는 정
부가 출범합니다. 총재 정부는 자코뱅과 달리 상층 상공인 중심의
정책을 폈습니다. 민중들은 높은 물가와 물자 부족으로 고통 받았
지요. 왕당파의 공세는 끊임없이 이어졌고 프랑스 혁명의 확산을
막으려는 동맹도 다시 결성되면서 혁명은 무너질 위기를 맞았습
니다.

혁명과 대외 전쟁 속에서 지쳐가던 프랑스인들은 정국을 안정시
키고 외침을 막아 낼 강력한 정부가 출현하기를 바라고 있었습니
다. 그 상황을 절호의 기회로 포착한 장군이 나폴레옹입니다. 이탈
리아와 이집트를 원정하며 이름을 알린 나폴레옹은 1799년 쿠데
타를 일으켜 총재 정부를 무너뜨리고 정권을 잡았습니다.

나폴레옹은 중앙 집권화로 사회를 안정시키고 프랑스 혁명 정신을 일정하게 담은 '나폴레옹 법전'을 편찬함으로써 '민심'을 얻었지요. 인기가 높아 가자 나폴레옹은 전격 국민 투표를 감행해 황제의 자리에 올랐습니다. 왕정을 무너뜨린 10년 만에 황제가 재등장한 거죠.

나폴레옹은 곧장 유럽 정복에 나섰습니다. 오스트리아군 격파에 이어 신성 로마 제국을 해체했습니다. 맹렬한 기세로 연승가도를 달리며 유럽 국가들을 정복한 나폴레옹에게 남은 나라는 영국과 러시아였지요.

나폴레옹이 유럽을 지배하면서 그의 의도와 무관하게 프랑스 혁명의 이념이 자연스럽게 퍼져 갔습니다. 그 결과이지요. 나폴레옹 군대가 들어간 유럽 각국에서 자유주의 운동이 일어났습니다. 물론, 나폴레옹의 침략에 저항하는 민족주의도 싹텄습니다.

하지만 나폴레옹의 권세도 1810년대에 들어서면서 하향세로 꺾입니다. 러시아 원정 실패가 치명적이었지요. 프랑스 군사력이 소모되자 나폴레옹에 연전연패하던 동맹군들은 자신감을 얻었고 드디어 라이프치히 전투에서 승리합니다.

나폴레옹은 황제의 자리에서 불러나 유배지인 섬으로 쫓겨났습니다. 하지만 그곳을 탈출해 재기를 노렸지요. 최종적으로 1815년 워털루 전투에서 영국과 프로이센의 연합 부대에 패배하면서 그의 시대는 종언을 고했습니다.

나폴레옹이 몰락하자 유럽을 재편하는 회의가 오스트리아의 수도인 빈에서 열렸습니다. 회의를 주도한 인물은 오스트리아의 재상 메테르니히였지요. 각국 대표들은 나폴레옹 전쟁 이전의 상태로 유럽의 질서를 되돌리자고 합의했습니다. '빈 체제' 아래에 과거의 왕족과 통치자들은 권력과 부를 되찾았지요.

하지만 빈 체제의 아래에서는 프랑스 혁명과 나폴레옹 전쟁으로 유럽 곳곳에 뿌려진 자유주의와 민족주의 씨앗이 꿈틀대고 있었습니다. 자유주의와 민족주의적 저항 운동의 중심지가 프랑스 파리였지요.

왕권을 되찾은 '부르봉 왕조'는 언론·출판의 자유를 탄압하고 의회 해산도 서슴지 않았습니다. 그러자 프랑스 혁명 정신인 자유·평등·우애를 잊지 않은 민중이 다시 일어납니다. 1830년 7월 혁명이 그것이지요. 자유를 탄압하던 왕을 몰아내고 프랑스 혁명에 우호적 발언을 해온 루이 필립을 '시민의 왕'으로 추대했지요. 프랑스의 7월 혁명도 주변 국가로 퍼지며 벨기에의 독립과 유럽 곳곳의 자유주의 운동을 불러왔습니다.

루이 필립은 막상 왕좌에 오르자 태도가 달라졌습니다. 서서히 마각을 드러내며 언론·출판의 자유를 제한하고 민중들의 집회도 탄압했지요. 물가가 오르며 민중의 경제 상황은 어려워져 갔습니다.

중소 상공인들과 빠르게 성장하고 있던 노동인들이 힘을 모아

1848년 2월에 다시 봉기합니다. '2월 혁명'이지요. 2월 혁명으로 프랑스 민중들은 다시 공화정을 수립했습니다. 1848년 혁명의 파도 또한 유럽 곳곳으로 흘러갔지요. 오스트리아에서 빈 체제를 주도했던 메테르니히는 권력을 잃었습니다. 독일과 이탈리아에선 통일 운동이 일어났습니다.

곧장 유럽 전역에서 민중 운동이 거세게 일어났습니다. 민중 운동을 주도한 사회 혁명가들은 자신들의 정치적 의견을 담은 신문 창간에 나섰습니다. 정권에 참여한 자유주의자들은 혁명을 막기 위해 선거권을 단계적으로 확대했지요.

하지만 자유주의자들은 자신들의 기득권은 놓지 않으려 했습니다. 결국 1848년 혁명은 실패로 끝났지만 낡은 질서는 뚜렷하게 약화되었습니다. 더구나 노동 계급이 새로운 정치 공간을 여는 계기가 되었지요.

노동 계급의 등장

그럼 여기서 세계사에 처음 노동 계급이 등장하는 무대를 조명해 볼까요? 항로 개척 이후 유럽 국가들의 식민 활동이 활기를 띠면서 시장과 경제권이 확대되었지요. 시장의 확대는 유럽 내부의 경제 활동을 자극하며 판매를 목적으로 하는 상업적 농업과 수공업의 발전을 가져왔습니다.

　무역이 활발하고 경제권이 확장되면서 중세의 폐쇄적인 길드 체제로는 늘어나는 상품 수요를 충당할 수가 없었습니다. 도시의 상인들은 더 많은 이윤을 얻기 위해 선대제와 매뉴팩처를 이용해 상품을 확보하고 부를 축적했지요. 선대제는 상인이 임금과 함께 원료와 생산 도구를 제공하고 완성된 제품을 판매하는 방식을, 매뉴팩처는 노동인들을 한 장소에 모아 분업을 바탕으로 제품을 생산하여 판매하는 공장제 수공업을 뜻합니다. 길드에 의한 소규모 수공업 생산 방식은 선대제와 매뉴팩처 방식으로 점차 바뀌어 갔습니다.

　주목할 나라는 18세기 중반 영국입니다. 유럽뿐만 아니라 온 세계에 엄청난 영향을 끼치며 인류의 일상생활마저 크게 바꿀 중요한 변화, 산업 혁명이 전개되고 있었거든요. 물론, 그 변화가 어느 한순간에 이루어진 것은 아닙니다.

　그 시작은 면직물 공업이었습니다. 다른 유럽 국가들에 비해 장원제가 일찍 해체된 영국에서는 면직물을 중심으로 산업이 발전하고 있었는데요. 항로 개척으로 값싸고 질 좋은 인도산 면화가 대량으로 들어왔습니다. 영국의 상공인들은 그 면화로 값싸고 질 좋은 제품을 대량 생산하기 위한 기계 개발에 몰입했지요.

　존 케이가 '플라잉 셔틀^{나는 북}'을 설치한 직물 기계를 발명한 것이 기폭제였지요. 케이의 기계는 한 명의 직공이 방적공 열 명분의 실을 이용해 직물을 생산할 수 있었습니다. 그 기계가 공장에 투입되면서 실이 부족해졌겠지요. 그러자 값싸고 질긴 실을 생산하기 위해 제니 방적기, 수력 방적기와 같은 다양한 방적기가 발명되었습니다. 면직물 공업의 기계화가 촉진된 거죠.

명예혁명 이후 다른 유럽 국가들에 비해 상대적으로 정치가 안정되어 경제 성장의 조건도 갖췄습니다. 19세기에 들어와 섬유 산업은 영국 국민 소득의 10분의 1을 넘어섰습니다. 1830년대 중반이 되자 수출품 중 면직물이 차지하는 비율은 50% 안팎으로 늘어났지요. 면직물 산업이 산업 혁명을 선도한 거죠. 제품을 만들어 내는 생산 방식의 혁명적 변화가 산업 곳곳에서 일어납니다.

제임스 와트가 내놓은 증기 기관의 파장이 특히 컸습니다. 손으로 작동해 온 기계를 증기 기관과 같은 동력 기관으로 움직이면서 생산력이 크게 증가했습니다. 증기 기관은 면직물 공업은 물론 제철·석탄·기계 공업에도 이용되며 공업 발달을 선구했습니다. 관련 산업들은 서로 영향을 주며 더 빠르게 성장해 갔지요.

아시아와 아메리카 대륙에 걸쳐 넓은 식민지를 확보한 영국은 원료 공급지와 제품의 판매 시장 모두 넉넉했습니다. 게다가 인클로저 운동으로 농촌을 떠난 인구가 도시에 가득해 노동력이 충분했지요. 기계와 동력의 원료인 석탄·철의 지하자원도 비교적 풍부했습니다.

영국에서 산업 혁명이 일어나자 유럽 여러 나라들의 상공인들이 경쟁적으로 '따라잡기'에 나섰습니다. 더 많은 돈을 벌고 싶은 상공인들의 욕망으로 산업 혁명은 빠르게 온 유럽으로 확산되었습니다.

프랑스는 1830년대부터 섬유 공업, 독일은 철강업 중심으로 각국의 조건에 맞게 산업 혁명을 전개했지요. 영국이나 프랑스와 달리 독일은 1840년대까지도 정치적으로 분열되어 있었기에 빠르게 산업 혁명을 일궈 갈 수는 없었습니다. 하지만 정치적 통일을 달성한 1870년대 이후에는 국가가 산업 혁명을 주도했지요.

미국은 영국의 기술을 적극 받아들이며 산업 혁명에 들어갔습니다. 동북부 지역을 중심으로 기계화 공장을 설립했지요. 대내외에 인간의 권리를 옹호하며 공화정을 선포했으면서도 상공인들이 주도해 영토 확장에 나섰습니다. 1840년대에 태평양 연안까지 장악하지요.

1850년대에 들어와 노예 제도를 둘러싼 남부와 북부 사이의 대립이 격화되어 갔습니다. 노예제를 반대하는 링컨이 대통령에 당선되자 남부 7개 주는 남부연맹^{아메리카연합}을 조직하며 연방에서 탈퇴했지요.

1861년 4월 남부연맹이 북부의 섬터 요새를 선공하면서 남북 전쟁이 시작되었습니다. 전쟁 초기에는 일찌감치 전쟁을 준비하고 영국의 지원까지 받은 남부가 우위를 보였습니다.

하지만 링컨이 전격 노예 해방을 선언하며 전세는 사뭇 달라집

게티즈버그 전투를 묘사한 그림입니다. 게티즈버그 전투에서 승기를 잡은 북부는 남북 전쟁에서 승리합니다.

니다. 본디 북부가 인구도 자원도 우세했거니와 노예 해방 선언으로 남부의 흑인들이 모두 북부의 승리를 기원했습니다. 결국 1863년 게티즈버그 전투에서 승기를 잡은 북부의 승리로 끝났습니다.

남북 전쟁으로 인적·물적 피해는 컸고 상처 치유에도 적잖은 시간이 걸렸지만 미국의 국내 시장은 확대되었습니다. 대륙 횡단 철도의 개통으로 산업 발전의 교통망도 갖췄지요. 유럽과 아시아에서 이민자들이 줄이어 들어오면서 노동력은 더욱 풍부해졌습니다.

새로운 기계, 풍부한 천연자원과 값싼 노동력을 이용해 미국 경제는 빠르게 성장했습니다. 19세기 말에서 20세기 초에 이르러선 영국과의 경제적 격차를 좁히면서 독일과 함께 산업 최강국으로 성장했습니다.

산업 혁명이 유럽과 미국 각지로 퍼져 가면서 상품을 생산하는 공장이 크게 늘어났습니다. 그에 따라 공장에서 상품을 생산하는 새로운 계급, 노동 계급이 등장하지요. 그들을 고용한 상공인들은 점점 부를 늘려 갔지만, 노동인들의 삶은 가난과 고통의 질곡에서 벗어날 수 없었습니다.

왜 프랑스 혁명을
시민 혁명 상징으로 꼽을까?

세계사에서 3대 시민 혁명이 일어난 순서는 영국의 명예혁명, 미국의 독립 전쟁, 프랑스 혁명입니다. 그런데 거의 모든 역사가들이 시민 혁명의 상징으로 프랑스 혁명을 꼽습니다. 왜 그럴까요?

영국의 명예혁명은 국왕과 타협적인 방법을 선택했고, 미국은 바다 건너 영국의 식민지였을 뿐 중세 왕정이 자리 잡고 있지 않았습니다. 프랑스는 두 나라와 달랐습니다. 오랜 세월에 걸쳐 강력한 왕정을 이어 왔고 신분 제도 또한 견고하게 구조화되었지요.

프랑스 혁명은 전통으로 내려오던 왕정을 아래로부터 타파하고 자유로운 근대 사회를 열어간 시민 혁명의 전형이었습니다. 프랑스 혁명 시기에 표출된 자유·평등·우애는 이후의 민주주의 전개에서 중요한 길라잡이였습니다.

혁명 초기에 오스트리아 왕국을 비롯한 외세의 개입이 있었지만 민중의 힘으로 이겨 냈습니다. 전쟁이 일어나자 혁명 정부를 지키려는 민중들이 자발적으로 의용군을 조직하여 군에 입대했는데요. 이때 널리 불렸던 행진곡이 '라 마르세예즈^{마르세유 군단의 노래}'입니다. "나가자 조국의 아들딸이여 / 영광의 날이 왔도다 / 폭군에 결연히 맞서서 / 피 묻은 깃발을 올려라"로 시작하는 노래는 "무기를 들라"라고 호소합니다. 이어 "나가자, 나가자 우리 함께 / 조국의 목마른 밭이랑에 / 적들의 더러운 피가 넘쳐흐르도록"처럼 혁명 투사들의 열정이 묻어납니다. 왕과 왕비의 목을 단두대에 올리고 새로운 시대를 연 나라답게 그 노래는 지금도 프랑스의 공식 국가로 불리고 있습니다.

산마루2

산업 혁명은 왜
서유럽에서 시작되었을까?

동아시아 문명은 17세기까지 서유럽 문명에 앞서 있었거나 적어도 대등했습니다. 하지만 산업 혁명으로 결정적 차이가 벌어지기 시작했는데요. 그렇다면 산업 혁명은 왜 서유럽에서 시작되었을까요? 많은 역사학자와 사회과학자들이 그 문제를 풀기 위해 연구에 나섰습니다. 그 결과를 종합해 간추리면 다음과 같습니다.

첫째, 서유럽의 지리적 이점입니다. 이른바 '신대륙'으로 불린 아메리카와 가장 가까웠던 지역이 유럽이었던 거죠. 더욱이 아메리카는 자원이 풍부했습니다. 서유럽과는 대서양을 사이에 두고 있지만, 동아시아와는 넓디넓은 태평양이 가로놓여 있었습니다.

유럽의 상공인들은 200여 년에 걸쳐 식민지를 착취하며 부를 축적해 갔습니다. 그 경제력을 밑절미로 18세기에 이르러 산업 혁명을 일궈 낼 수 있었습니다.

둘째, 여러 국가들이 시장과 영토를 확대하려고 경쟁하면서 경제력 확장에 가속도가 붙었습니다. 에스파냐, 포르투갈, 영국, 프랑스 등 절대 왕정 국가들이 세계 각지에서 영토 및 교역의 특권을 확보하기 위해 경쟁했거든요. 그러다 보니 자연스럽게 무기와 선박 개선에 집중했습니다. 이를 토대로 교역에도 적극 나선 거죠. 새로운 변화를 추진하고 수행하는 원동력으로 삼았습니다. 여러 나라들이 잘게 쪼개진 유럽과 달리 동아시아에서는 중국의 패권주의가 발전을 가로막고 있었습니다.

석탄 자원이 풍부했던 영국이 증기 기관을 통해 화석 연료를 운동 에너지로 전환하면서 유럽과 동아시아 문명의 경제력은 차이가 빠르게 벌어졌습니다. 19세기에 이르러 유럽은 동아시아 경제력을 압도합니다.

제6장

자본주의와
제국주의 체제

구두쇠 스크루지로 유명한 영국의 소설가 찰스 디킨스는 10대들에게 들려줄 역사책을 쓰면서 당시 영국의 현실을 생생하게 고발했습니다. 디킨스가 살았던 1800년대 빅토리아 여왕 시대의 영국은 '해가 지지 않는 나라'로 불렸지요. 세계 곳곳에 영국 영토가 있기에 24시간 내내 해를 볼 수 있었거든요.

　하지만 산업 혁명을 선구한 대영 제국의 이면에는 가난과 병으로 고통 받는 민중들이 살고 있었습니다. 특히 어린이들은 더 끔찍했는데요. 1830년대 런던에서 치러지는 장례식의 절반이 열 살 이하 어린이들이었습니다. 시커먼 연기가 나오는 공장의 굴뚝을 청소하며 집이 없어 거리에서 잠자거나 탄광 깊은 굴에서 하루 종일 석탄을 캤습니다. 디킨스가 10대들을 위해 역사책을 쓴 까닭이기도 합니다.

　디킨스가 증언하듯이 산업 혁명으로 인류의 일상생활은 크게 바꿰었습니다. 기계가 인류 문명에 들어오며 새로운 기술이 줄을 이었고 그로 인해 산업과 경제는 물론 문화와 정치에 이르기까지 큰 변화가 일어났지요.

기계를 도입한 상공인들은 분업과 대량 생산을 통해 생산력을 나날이 높여 가며 엄청난 돈을 벌었습니다. 멋있는 저택에서 호화롭게 살았지요. 하지만 대다수 민중의 삶은 정반대였습니다. 산업화 물결에 농경지를 잃어버린 농민들—중세 농노의 후손들—과 일감이 사라진 수공업자들의 삶이 가장 먼저 위협받았습니다. 그들은 먹고살기 위해 도시로 들어갔지요.

그런데 도시의 기계화를 이룬 공장마다 이미 노동인들이 일하고 있었습니다. 생계를 해결하기 위해 도시로 몰려든 사람들이 넘쳐나자 노동인들을 싼값으로 고용할 수 있었지요. 언제든지 실업자가 될 수 있었기에 상공인들의 부당한 지시까지 묵묵히 따라야 했습니다. 디킨스가 고발한 영국 10대들의 참상은 바로 그들의 자녀였지요.

자본의 이윤 논리와 노동인들의 참상

산업 혁명이 전개될수록 노동인들의 숫자는 급증했습니다. 아무리 기계화가 이뤄졌더라도 인간의 노동을 거치지 않고는 최종 생

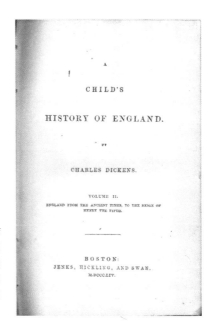

『어린이를 위한 영국사』(A Child's History of England) 속표지. 찰스 디킨스가 10대들에게 들려주는 역사책으로 영국의 주간지 〈일상적인 말들〉에 3년 동안 연재한 내용을 엮었습니다. 이 책은 20세기 말끼지 영국의 초등 교과 과정에 포함되어 있었습니다.

산에 이르지 못했기 때문이지요. 그 시대를 상징하는 경제학자 애덤 스미스는 자본주의 경제학의 '성경'처럼 논의되는 『국부론』에서 "한 사회의 구성원들이 소비하는 모든 필수적이고 편리한 생활 물자들을 조달해 주는 원천적인 기원은 그 사회 구성원들이 수행하는 노동에 있다"고 강조했습니다.

민주주의 정치 이론의 초석을 놓은 존 로크도 "자연은 그 자체로 아무런 가치를 갖지 못하지만 자연으로부터 생겨나는 유용한 산물들의 99%는 사람의 노동이 산출해 낸 것"이라고 주장했지요.

하지만 상공인들은 스미스와 로크로부터 자신들에게 유리한 논리만 받아들였습니다. 상공인들은 본디 민주주의에 신념을 지닌 사람들은 아니었거든요. 왕족과 귀족이 누리던 정치적 특권을 빼앗을 생각은 아주 강렬했지만, 자신들이 누리고 있던 경제적 권력과 이를 기반으로 새롭게 손에 넣은 권력을 노동인들과 나눌 의지는 없었지요.

상공인들은 시민 혁명 이후 국가의 주권을 자신들의 특권으로 여기며 노동인들의 요구를 억압하고 나섰지요. 상공인들이 노동인들과 함께 시민 혁명을 이룰 때의 약속에 비춰 보면 배신이었습니다.

당시 자본주의가 세계에서 가장 앞섰던 영국에서 최초로 노동인과 관련한 법이 만들어집니다. 그런데 그 법 이름이 수상합니다. '토론회 금지법'[1799]과 '노동인 단결 금지법'[1800]입니다. 21세기인 지금 돌아보면 황당하기 그지없는 법이지만, 엄격하게 법을 적용했고 노동인들 사이에 토론과 단결의 움직임이 있으면 가차 없이 처벌했습니다.

자본가로 불리게 된 상공인들은 더 많은 돈을 벌기 위해 노동인들의 노동 시간을 늘리면서도 임금은 가능한 적게 주었습니다. 1800년대 중반 유럽 사회에서 노동인들의 평균 노동 시간은 하루 12시간이었습니다.

한 사람의 임금만으로는 가족이 살아갈 수 없었기에 여성과 아이들도 노동을 해야 했습니다. 지금은 유치원에 갈 나이인 네 살아이들까지 일을 했지요. 가족들은 방 하나, 기껏해야 방 둘인 집에서 대가족을 이루며 살았고, 디킨스의 소설에 나오듯이 집 없는 아이들도 많았습니다.

자본의 이윤 추구가 중심 원리인 자본주의 사회는 생산 수단을 가진 자본가와 그것을 갖지 못한 노동인들로 나누어집니다. 애덤 스미스는 사회 구성원의 "다수가 가난하고 비참한 사회는 번성할 수도 행복할 수도 없다"며 경제 성장을 위해서라도 노동인의 임금 수준을 가능한 끌어올려야 한다고 주장했습니다. 국가가 가난한 사람의 교육 비용을 지불하고, 가난한 사람들이 공공 토론에서 더 큰 목소리를 낼 수 있게 해줘야 한다는 주장을 다름 아닌 자본주의 경제학의 창시자가 강조했지만, 초기의 자본가들은 도통 귀 기울이지 않았습니다.

노동인들은 자신들의 이익을 대변하는 노동조합을 결성하며 자신들도 인간답게 살고 싶다는 의지를 모아 갔습니다. 결성 초기에 공장주나 기득권 세력의 살천스런 적대감과 법적인 장애로 많은 시련을 겪었습니다.

자본가들과 그들이 장악한 국가 권력은 노동조합을 불법화했지만 많은 실패와 좌절을 겪으면서도 노동인들의 지지를 받은 노동조합의 영향력은 더 강력해졌습니다. 1824년 단결 금지법이 폐지되고, 1871년에는 노동조합법이 제정된 영국을 시작으로 20세기 초에는 프랑스·독일 등지에서 노동조합이 확실한 지위를 차지하고 활동할 수 있었지요.

노동조합은 노동인들의 장시간 노동과 낮은 임금 및 열악한 노동 조건 등 열악한 노동 환경을 개선하기 위해 노력했습니다. 나아가 노동인들의 참정권을 획득하는 투쟁에도 나섰습니다.

자유와 평등과 우애를 내걸고 시민 혁명으로 왕을 단두대에 올렸으면, 당연히 모든 사회 구성원이 왕을 대신할 지도자를 투표로 뽑는 데 참여해야 옳았지만, 상공인들은 자신들이 고용하고 있는 노동인들에게 투표권을 주는 데 반대했습니다.

투표권과 평등을 요구하며 거리로 나선 노동인들은 시가전 속에 학살당했고, 상황이 종료되었을 때는 재판에 회부되어 처형당했습니다. 노동인들은 상공인들이 시키는 대로 일만 하라는 무서운 경고였지요.

하지만 학살과 사형 집행을 서슴지 않는 탄압 앞에서도 노동인들의 싸움은 멈추지 않았습니다. 상공업이 아니라 사람, 돈이 아니라 행복을 더 중시하는 사회를 실현하고자 인생을 바친 사람들이 늘어나기 시작했지요.

프랑스 혁명 뒤 200여 년의 역사를 살피면 자본주의 사회에서 민주주의를 일궈 내려는 노동인들의 열정과 비판 정신이 쉼 없이 이어져 왔음을 확인할 수 있습니다. 무엇보다 선거권 확대 과정에 또렷하게 나타납니다. 1789년 혁명에 이어 1848년 혁명을 거치고 나서야 비로소 재산의 차이 없이 모든 남성들에게 투표권이 주어

외젠 들라크루아가 1830년 프랑스 파리에서 일어났던 7월 혁명을 그린 작품 〈민중을 이끄는 자유의 여신〉입니다. 중앙에서 혁명의 상징인 삼색기를 들고 민중을 이끌고 있는 힘찬 여성이 돋보입니다. 과거의 그림 속 여성들 모습과 사뭇 대조적이지요. 모자에 정장을 입은 상공인과 웃옷을 풀어헤친 노동인, 권총을 쥔 소년은 당시의 혁명이 대다수 사람들의 지지를 받았다는 사실을 상징합니다. 그림 아래에는 새로운 역사를 일궈 간 민중들의 시신이 쌓여 있습니다.

졌습니다. 여성들을 포함해 보통 선거권이 확립된 것은 1946년에 이르러서입니다.

선거권이 꾸준히 확대되어 보통 선거권이 확립된 것은 선서권을 요구하는 아래로부터 투쟁이 줄기차게 전개되었기에 가능했습니다. 선거권이 한 차원 더 확대될 때마다 수많은 민중이 피를 흘렸습니다. 세계사에서 각국의 선거권 확대 과정을 짚어 보면 민주주의는 '피를 먹고 자라는 나무'임을 확인할 수 있습니다(더 자세한 논의는 『10대와 통하는 사회 이야기』를 참조).

산업화가 진전되고 자본주의가 발달하면서 노사 갈등만이 아니라 빈부 격차, 실업 문제, 환경 오염과 같은 여러 사회 문제들이 발생했습니다. 지식인과 노동인들 사이에 자본주의를 비판하고 새로운 사회를 제안하는 사회주의 사상이 출현한 이유입니다.

영국의 오언, 프랑스의 생시몽, 푸리에와 같은 초기의 사회주의자들은 사람들의 협동을 통해 이상 사회를 건설할 수 있다고 믿었습니다. 마르크스와 엥겔스는 그들의 생각을 공상적이라고 비판하며 진실로 자본주의 사회를 넘어서려면 자본가에 대한 노동인들의 계급 투쟁이 필요하다고 강조했습니다.

마르크스 사상에 공감하는 사회주의자들은 기계나 공장, 토지와 같은 생산 수단을 개인이 소유해서는 안 되고 사회 공동으로 소유해야 옳다고 보았습니다. 생산 수단 사유의 불합리한 면을 비판하고, 빈부의 차이가 없는 평등한 사회를 이루고자 했지요.

노동인들 사이에 마르크스 철학의 영향이 커져 가면서 그의 사상을 기반으로 독일·프랑스·영국에서 사회주의 정당이 출현했습니다. 마르크스 자신도 노동 운동과 혁명 운동의 국제적 연대 활동에 적극 참여했지요. 보통 선거권이 확립되면서 봉기를 통한 혁명이 아닌 선거를 통해 사회주의를 실현하자는 사회 민주주의, 또는 민주 사회주의 운동도 등장했습니다.

영국·프랑스·독일에서 노동조합의 지지를 받는 사회주의 정당이 정치적으로 중요한 위치를 차지하면서 각국의 정부들은 노동 운동의 요구에 민감하게 반응하고 해결책을 다양하게 모색했습니다. 자칫 혁명이 일어나 모든 권력을 잃을까 두려웠던 거죠. 급격한 산업화가 불러온 노동인들의 열악한 작업 환경을 개선해 나갔습니다. 노동 시간도 점차 단축되어 하루 10시간으로 줄어들었는데요. 투쟁의 성과에 힘입은 노동인들은 8시간 노동제를 요구하며 싸웠습니다.

노동 운동과 사회주의 정당들이 자본주의 국가는 자본가 계급만을 위한 것이라고 비판하자 그에 대응하는 전략도 세워 실행했습니다. '국민 국가'의 모습을 갖추어 노동 운동을 민족 국가의 틀로 '통합'해 갔지요.

"모든 나라의 노동인들이여, 단결하라"는 마르크스의 호소에 맞서 자본주의 각국은 자국의 노동인들에게 애국심을 심어 주었습니다. 영국 노동인, 독일 노동인, 프랑스 노동인들로 각각을 분리할 의도였습니다. 어렸을 때부터 애국심을 고취하기 위해 각 국가는 의무 교육을 실시했지요.

19세기 유럽은 정치적으로 민족주의와 자유주의가 퍼져 있고, 경제적으로 산업 혁명이 전개되었습니다. 전반적으로 '시민 계급'으로 불린 상공인들이 정치와 경제를 주도했습니다.

독일은 영국이나 프랑스에 견주어 통합된 국가 형성이 늦었는데요. 1871년 통일된 독일 제국은 산업화를 서두르는 동시에 사회 통합을 위해 정부 주도의 사회 보장 제도를 실시했습니다.

독일 제국의 초대 총리 비스마르크는 본디 보수주의로서 나날이 커져 가던 사회주의 운동을 단호하게 탄압했습니다. 채찍과 함께 당근도 주었는데요. 노동인들이 겪고 있는 고통에 국가 개입이 필요하다고 판단했지요. 질병 보험1883년, 산업 재해 보험1884년, 노령·장애 연금 보험1889년과 같은 사회 보장 제도를 법률로 만들었습니다.

비스마르크의 사회 보장 정책은 노동인들의 혁명 운동을 막기 위한 방안이었습니다. 하지만 사회 복지 제도가 자리 잡는 긍정적 계기가 되기도 했지요. 민중을 가난의 굴레로부터 벗어나게 하는 것은 국가에서 베풀어야 할 시혜가 아니라 민주 국가의 당연한 의무라는 인식이 퍼져 갔습니다.

유럽 자본주의 국가들의 팽창주의

유럽의 근대 국가는 신분제에 마침표를 찍은 시민 혁명으로 세계사적 위업을 이뤘지만 나라 안에서만 부익부 빈익빈의 심각한 결함을 드러낸 것이 아닙니다. 더 많은 이윤을 얻기 위해 자신이 고용한 노동인들을 장시간 노동으로 내몰았던 자본의 논리는 대외적으로 식민지를 착취하는 제국주의로 나타났습니다. 역사가들이 좌·우를 떠나 19세기를 '제국주의 시대'로 규정하는 이유입니다.

사실 처음부터 자본주의는 유럽의 백인들이 아메리카와 아프리카의 민중들을 노예로 삼고 금과 은을 비롯한 지하자원들을 채굴해 가면서 싹을 틔웠습니다. 그렇게 출발한 자본주의 국가들이 경제 성장을 이룰수록 더 값싼 원료를 확보하고, 더 넓은 시장을 차지하기 위해 해외 식민지 개척에 앞다퉈 나선 거죠.

유럽의 자본주의 국가들은 남의 나라를 침략해 식민지로 삼아 원료를 약탈하고 상품을 만들어 팔며 이윤을 더 많이 챙겼지요. 지속적으로 이윤을 얻으려고 자본을 투자해 공장을 세우기도 했습니다. 가령 1876년에 아프리카에서 유럽이 지배하는 땅은 10퍼센트도 안 됐습니다. 그런데 1900년에는 아프리카 땅의 90퍼센트 이상이 유럽 식민지였지요.

군사력을 앞세워 다른 나라를 식민지로 삼아 지배하는 유럽 자본주의 국가들의 팽창주의적 행태가 바로 제국주의입니다. 제국주의는 백인종이 우월하고 황인종이나 흑인종은 미개하다는 인종적 우월감으로 이어지며 강대국 지배를 정당화했습니다.

'국민 국가'의 세례와 '애국심 교육'을 받은 유럽 각국의 '국민'들은 국내의 빈곤이나 실업과 같은 문제를 해결하고 국가의 명예를 높이는 길이라고 믿으며 식민지 침략 정책을 지지했습니다. 사회 진화론을 내걸고 식민지를 문명화한다는 명분을 내세우며 전개되었기에 더 그랬지요.

아메리카와 아프리카에 이어 유럽 자본주의 국가들은 아시아로 몰려들었지요. 유럽의 왕국들 가운데 가장 먼저 동남아시아에 들어가 향료 무역을 독점한 나라는 포르투갈이었습니다. 곧이어 에스파냐가 마젤란의 항로 개척 이후 필리핀을 식민지로 삼았는데요. 두 나라는 다른 유럽 국가들이 아시아에 발을 디디면서 점차 밀려났습니다.

본래부터 땅이 넓고 인구가 많은 인도와 중국은 유럽 국가들이 자본주의 체제를 갖출 때부터 주된 관심 지역이었는데요. 인도부터 짚어 볼까요.

영국이 침략하기 전까지 인도는 무굴 제국이 지배하고 있었습니다. 몽골의 후손을 자처하며 중앙아시아에서 세력을 키운 이슬람 왕조인 무굴은 1526년 인도에 침입합니다. 작은 나라들로 갈라져 있던 인도는 급히 군사들을 모아 대군으로 맞섰지만 대패했지요. 인도는 무굴 제국의 지배 아래 들어갔습니다.

무굴은 중앙아시아에서 인도에 걸쳐 강성한 제국을 이뤘지만 그만큼 주변 국가들과 전쟁이 자주 일어날 수밖에 없었지요. 17세기 말부터 잦은 전쟁으로 재정이 위기를 맞고 곳곳에서 반란이 일어나 분열상을 보였습니다.

무굴 제국이 유명무실해진 틈을 타고 유럽 자본주의 국가들이 본격적으로 인도를 넘봅니다. 영국은 동인도회사를 앞세워 인도

영국이 인도를 침략할 당시 런던에 있던 동인도회사 본사와 주변의 풍경입니다.

의 동북 지역부터 장악했습니다. 동인도회사는 독자적으로 무장 군인들을 보유하며, 본국을 대신해서 식민지를 경영하는 권한을 부여받았지요.

영국의 동인도회사는 인도에, 네덜란드의 동인도회사는 인도네시아에 힘을 집중했습니다. 동인도회사들은 독점적 무역으로 얻은 이익을 본국에 보내 자본주의 발달과 제국주의화에 크게 기여했지요.

영국이 인도의 향신료 무역을 독점하고 값싼 노동력으로 향신료 농장을 직접 경영해 큰 이윤을 남기자 프랑스도 곧바로 가세했습니다. 동인도회사를 설립하며 인도에 진출했지요. 결국 영국과 프랑스는 벵골 지역을 둘러싸고 전투를 벌였습니다. 전투에서 이긴 영국은 벵골의 통치권을 장악하고 인도 무역을 독점했습니다.

영국은 인도의 민족적·지역적·종교적 갈등을 부추기며 세력을 확대해 나갔습니다. 한때 무굴 제국의 일원이었던 수많은 정치 세력이 근거지를 중심으로 저마다 나라를 세웠거든요. 영국은 분열된 틈을 십분 이용했습니다. 실제로 작은 나라들이 서로 대립하는 과정에서 영국을 끌어들이는 경우가 많았지요. 경쟁하던 나라를 무너트리기 위해 아예 영국 군대에 자진해서 편입되기도 했습니다.

이윽고 인도 대륙을 모두 차지한 영국은 경제적 착취에 들어갔습니다. 인도인들에게 세금을 더 거두어들였고, 면화와 아편·차를 수출용 작물로 재배하도록 강제했지요. 사실 17~18세기에 인도는 세계 최대의 면직물 수출 국가였습니다. '영국의 모든 여성이 인도의 옷감으로 만든 옷을 입고 있다'는 말이 나올 정도였거든요. 그만큼 영국만 아니라 세계 각지에 면직물을 공급했지요.

그러나 영국이 산업 혁명을 통해 공장에서 면직물을 대량으로 생산하면서 상황은 바뀌었지요. 영국산 면직물은 가내 수공업에 의존한 인도산 면직물보다 값싸고 품질이 더 좋았습니다. 인도산 면직물이 차지하고 있던 자리를 대체하기 시작했지요. 영국 면제품의 인도 수출이 급증하며 수출액은 수십 배 이상 증가했습니다. 수입된 영국산 면직물로 인도의 대표적 산업이었던 면직물 산업은 빠르게 몰락했습니다.

인도인들이 가만히 당하고만 있었던 것은 아닙니다. 영국 동인도 회사의 용병인 세포이들이 들고 일어났습니다. 세포이는 페르시아어로 '군인'이라는 뜻인데요. 동인도회사에 고용된 군인들이었습니다. 21만 명 규모였지요. 돈을 받고 영국의 인도 지배를 돕고 있었습니다. 그런데 점점 영국인들의 횡포에 눈떴고 종교적 갈등도 증폭되었습니다.

1857년 델리 근교에서 일어난 세포이들의 봉기는 인도 북부로 확대되어 영국의 식민 지배에 저항하는 독립 전쟁으로 발전했습니다. 독립 전쟁에 각계각층의 인도인들이 참여하여 한때 델리를 점령했지요.

하지만 영국의 군사력이 무기에서 훨씬 앞섰습니다. 세포이 항쟁은 비록 실패했지만 인도 최초의 대규모 민족 운동으로 평가받고 있습니다. 세포이 항쟁을 진압한 영국은 정책을 바꿨습니다. 동인도 회사를 해산하는 동시에 명목상 남아 있던 무굴 제국의 황제를 폐위시켰지요.

영국은 형식적이나마 주권을 유지하던 인도를 직접 통치하겠다고 나섰습니다. 영국 빅토리아 여왕은 1877년 영국령 인도 제국을 수립해 통치에 들어갔습니다. 빅토리아 여왕이 인도 황제를 겸했지요.

영국이 식민 통치를 강화하자 인도인들의 독립 운동도 활발해졌습니다. 민족 운동의 주체인 민중에 기반을 두고 힌두교의 우상 숭배 배격, 카스트 제도 반대, 여성의 권리 신장, 인도인의 교육 확대와 같은 종교적·사회적 개혁을 내걸었습니다. 민중 운동의 확산에 영국은 인도어 출판물 간행 금지, 인도인의 무기 소지 금지와 같은 강경책으로 대응했습니다.

그럼에도 인도인들 사이에 영국에 대한 반감이 높아 가고 민족·민중 운동이 퍼져 갔습니다. 영국은 회유 전략으로 돌아섰습니다. 영국에 협조적인 인도 제국의 관료와 지식인들을 모아 '인도국민회의'를 결성하도록 했지요. 1885년 출범한 인도국민회의는 초기에 영국의 인도 지배를 인정하면서 권익을 확보하는 데 주력했습니다.

하지만 영국이 힌두교도와 무슬림의 분열을 꾀할 목적으로 1905년에 벵골 분할령을 발표하자 상황이 달라집니다. 벵골주는 인도에서 가장 큰 주로 인구도 가장 많았는데요. 영국은 한 사람의 장관이 다스리기에는 힘들기 때문에 둘로 나누어 효율적으로 통치한다는 명분을 내세웠지요. 실제로는 반영 운동이 활발한 벵골 지역의 힌두교도와 이슬람교도들을 서벵골과 동벵골로 분리함으로써 인도 전체의 민족 운동을 약화시키려는 전략이었습니다.

국민회의는 반발하며 곧장 반영 운동으로 전환합니다. 마하트마 간디가 지도자로 나섰습니다. 간디는 영국 상품 불매, 국산품 애용스와데시, 자치 획득스와라지, 국민 교육 진흥을 결의하며 비폭력으로 독립 운동에 앞장섰지요. 지식인뿐만 아니라 민중도 광범위하게 참여했습니다. 분리 독립을 추구하던 이슬람 교인들까지 합세해 전국적인 민족 운동으로 발전했지요.

인도인의 반발이 확산되자 영국은 벵골 분할령을 철회했습니다. 하지만 영국이 '분할 지배 전략'으로 힌두교도들과 이슬람교도들 사이에 뿌려 놓은 '분열의 씨앗'은 그대로 남아 있었습니다. 1947년 인도가 독립할 때 힌두교도 중심의 인도 연방과 이슬람교도 중심의 파키스탄으로 각각 분리되어 독립합니다. 이후 1971년 파키스탄에서 동벵골이 독립하는데요. 오늘날의 방글라데시입니다.

제국주의의 동아시아 침략

유럽 제국주의 국가들은 마침내 동아시아까지 침입했습니다. 청나라는 유럽 국가들의 통상을 제한했을 뿐 문을 닫지는 않는데요. 내부적으로도 상공업이 성장해 차나무, 면화와 같은 상품 작물 재배가 퍼져 있었습니다. 수공업도 발달해 차와 도자기를 생산했지요.

청은 유럽처럼 급속한 산업화를 이루지는 못했지만 상공인들이 늘어나고 있었습니다. 광저우 한 곳만 무역 항구로 개방하며 공행 公行—조정의 허가를 받아 외국과의 무역을 독점했던 상인들이 결성한 조합—을 통해 교역이 이루어지도록 했습니다.

18세기 말에서 19세기 중반까지 영국이 청나라에서 수입하는 물품의 90% 안팎이 차였습니다. 그만큼 차가 영국인들에게 큰 인기를 끌었지요. 영국은 차를 수입하는 대금으로 은을 지불했습니다. 그 결과 막대한 양의 은이 청나라로 흘러들었습니다.

청의 공행 무역 체제로 영국의 상품은 청에서 잘 팔리지 않아 무역 적자가 갈수록 커졌습니다. 영국은 자국의 상품을 팔 시장 확대에 공격적으로 나서기 시작합니다. 먼저 양쯔강 유역의 차 원산지와 가까운 곳에서 거래함으로써 더 싼 가격으로 차를 사겠다며 청나라에 무역 체제를 바꾸라고 요구했습니다.

하지만 청 황실은 정부가 통제하는 무역 체제를 고수했습니다. 자신들의 요구가 계속 거절당하자 영국은 19세기에 들어서면서 청과의 무역 적자를 메운다는 명분으로 인도에서 재배한 아편을 몰래 팔기 시작했습니다.

19세기 초에 아편 4000여 상자가 청에 들어왔는데요. 30년이 지나면서 10배로 늘어 4만여 상자 300만 톤에 이르렀습니다. 그만큼 청의 은이 영국으로 빠져나간 것인데요. 아편은 중독성이 강한 마약이기에 문제가 심각했습니다.

영국의 아편 밀무역을 더는 방치할 수 없다고 판단한 청은 임칙서를 광저우로 파견하여 아편을 몰수하고 영국 상인의 무역을 금지하는 강경 조치를 취했지요. 영국은 이를 빌미로 기다렸다는 듯이 1840년 전쟁을 일으켰습니다. 바로 '아편 전쟁'입니다.

산업 혁명으로 무기 성능이 월등해진 영국에 청은 패배합니다. 굴욕적인 난징 조약을 체결했지요. 청은 영국에 많은 배상금을 지불했을 뿐만 아니라 홍콩을 넘겼으며 상하이를 비롯해 남부의 5개 항구를 열었습니다. 이듬해에는 추가 조약이 맺어졌지요. 영국에 영사 재판권과 최혜국 대우를 인정했습니다. 굴욕적인 그 조약이 선례가 되어 미국, 프랑스와도 비슷한 조약을 맺었지요.

그런데 난징 조약으로 청의 문호가 개방되었는데도 영국의 무역 수지가 크게 개선되지 않았습니다. 이미 청의 군사 능력을 간파한 영국은 '선교사 피살' 사건을 구실로 프랑스와 연합해 1856년 제2차 아편 전쟁을 일으키죠.

베이징과 톈진을 점령당한 청은 다급히 러시아와 미국에게 중재해 달라고 요청했지요. 그 결과 청은 10개 항구의 추가 개항, 기독교 선교의 자유를 뼈대로 하는 톈진 조약을 체결했습니다.

한숨 돌린 청이 불평등 조약을 파기하겠다고 나서자 영국과 프랑스 연합군은 다시 베이징을 점령합니다. 영국은 청과 1860년에 맺은 베이징 조약을 통해 기존의 톈진 조약에 더해 주룽반도의 일부를 할양받았지요. 베이징 조약을 중재한 러시아는 대가로 청으로부터 연해주를 챙겼습니다.

아편 전쟁의 패배로 청의 국제적 위신은 크게 손상되었습니다. 막대한 전쟁 비용과 배상금을 내기 위해 세금을 늘리자 생활이 어려워진 농민들이 각지에서 봉기하지요. 가장 큰 농민 봉기의 지도

프랑스의 한 잡지에 실린 19세기 열강에 의한 중국 분할에 대한 풍자화입니다. 프랑스어로 중국을 뜻하는 Chine라고 새겨진 파이 조각을 영국 여왕, 러시아 차르, 독일 카이저 등이 칼로 나누고 있습니다.

자가 홍수전1814~1864입니다.

가난한 농민의 아들로 태어난 홍수전은 선교사가 쓴 기독교 입문서를 읽다가 꿈속에서 신과 예수를 보았다며 자신은 한족을 구원하기 위해 신이 보낸 둘째 아들이라고 주장했습니다. 이어 새로운 교리를 펼치기 위해 '상제를 섬긴다'는 뜻의 '배상제회拜上帝會'를 조직했지요.

신 아래 모두가 평등하다며 유교와 불교는 물론 모든 종교와 우상 숭배를 금했습니다. 배상제회 신도들이 늘어나자 그를 기반으로 1851년에 지상 천국을 이루겠다며 봉기했습니다. 국명을 '태평천국'으로 선포하고 스스로를 천왕天王이라 칭했습니다.

모두가 평등하고 잘살 수 있다는 홍수전의 주장은 농민들에게 폭발적인 호응을 얻었습니다. 지방 관리들의 압박에 시달리던 화남과 화중 지방의 농민들이 대거 참여했지요.

태평천국은 한족의 민족 감정도 자극했습니다. 만주족을 타도하고 한족 국가를 세울 것을 목표로 내걸었거든요. 토지의 균등 분배와 남녀평등 사회의 건설도 주장해 민중으로부터 광범위한 지지를 받았습니다.

홍수전과 태평천국군은 진압에 나선 정부군을 격파하고 1853년 3월에 난징을 점령했습니다. 홍수전은 난징남경을 '천경天京'이라 고치고 태평천국의 수도로 삼았지요. 태평천국군은 2년 만에 강남 6성을 모두 차지했고 신도가 100만 명에 이를 정도였습니다.

하지만 난징을 점령한 뒤부터 태평천국군의 엄격한 금욕적 규율은 사라져 갔습니다. 배상제회의 고위 지도자들에 이어 홍수전까지 수많은 후궁과 시녀에게 둘러싸여 광신적인 생활을 했습니다. 신의 계시를 따른다며 측근들조차 멀리했지요.

태평천국을 건국하면서 민중들에게 약속했던 평등 세상을 이루기는커녕 기존 왕조의 실을 납습하는 홍수전의 모습에 민심은 돌아서기 시작했습니다. 지도층 내부에서도 갈등이 불거져 태평천국은 곧 붕괴될 위기를 맞습니다.

청군에 포위당한 홍수전은 탈출해서 훗날을 도모하자는 측근들의 충언을 거부하고 신이 도와줄 것이라고 자기 생각을 고집했습니다. 결국 천경은 1864년 7월 함락되고 홍수전은 자살했지요.

아편 전쟁과 태평천국 운동을 겪으면서 한족들은 서양 무기의 우수성을 절감했습니다. 태평천국 진압에 공을 세운 한족의 증국번·이홍장은 전통을 바탕으로 서양의 근대적 기술을 도입해 부국강병을 이루려는 양무운동을 추진했습니다.

청은 군사력 증진을 위해 군수 공장을 건설하고 근대적 육군과 해군을 창설했습니다. 근대 산업을 일으키기 위해 직포 공장, 기선 회사를 설립하고 광산 개발도 추진했지요. 근대 교육을 위해 신식 학교를 설립하고 유학생을 외국에 파견했습니다.

하지만 양무운동은 정치제도 개혁 없이 유럽의 기술만 도입했고 각 지방에서 따로따로 진행되어 체계적인 성과를 거두기 어려웠지요. 그 한계가 청일 전쟁[1894~1895]의 패배로 뚜렷하게 드러났습니다.

청이 만만하게 여겨 온 일본과 맞붙은 전쟁에서 패하면서 동아시아는 격동합니다. 전통적으로 동아시아 지역의 종주국으로 자임해 온 청의 위상은 급속히 추락했습니다. 그들이 세계의 중심이라는 지배적 사고도 단숨에 무너졌지요. 청은 타이완과 랴오둥반도를 일본에 넘겨주는 수모까지 당했습니다.

청은 유럽과 일본에 영토와 이권을 빼앗기면서 사실상 반식민지 상태로 전락했습니다. 내부에서 새로운 움직임이 일어날 수밖에 없었지요. 캉유웨이로 대표되는 개혁적 지식인들은 정치 체제를 유지한 채 서양의 과학 기술만을 모방했던 양무운동을 벗어나 근본적인 개혁을 추구했습니다.

황제인 광서제가 개혁파에 동의해 1898년에 추진한 개혁이 변법자강 운동입니다. 입헌 군주제를 목표로 삼고 과거제를 개혁해 시험 과목에 실용적인 학문을 더해 새로운 인재를 등용했습니다. 군대도 개편해 신식 훈련에 들어가고, 농업과 공업을 진흥하며 근대적인 대학 설립에도 나섰지요.

하지만 기득권을 잃을 것을 우려한 수구 세력이 서태후를 앞세워 반격에 나섰습니다. 변법자강 운동은 100일 만에 실패로 끝났습니다. 본디 황제의 후궁이던 서태후$^{1835~1908}$는 아들과 조카의 어린 아들을 잇따라 황제로 세워 자신이 실권을 장악하고는 자연사할 때까지 48년에 걸쳐 청나라를 통치했습니다. 자신의 환갑을 기념해 황실의 별궁인 이화원을 보수하면서 해군이 쓸 예산을 탕진할 정도로 사치스러웠습니다. 새 군함을 살 수 없었기에 청의 해군은 일본과의 전쟁에서 궤멸당했지요.

서태후는 위안스카이와 모의해 무술정변을 일으켰습니다. 황제 광서제를 연금하고 변법자강 운동 세력을 제거했지요. 그러자 청 왕조를 아예 무너뜨리고 새로운 국가를 건설해야 옳다는 운동에 힘이 실렸습니다. 제국주의 열강의 이권 침탈이 가속화되고 있었기에 더 그랬지요.

제국주의는 청의 자원을 약탈하기 위해 철도를 가설하며 기독교를 전파했습니다. 민중들 사이에 서양에 대한 배외 감정이 높아 가자 '부청멸양扶淸滅洋'의 구호를 내걸고 반기독교적 민족 운동을 전개하는 의화단이 등장합니다. 산둥 지역에서 세력을 키운 의화단은 톈진과 베이징에 들어가 외국 선교사와 기독교 신자들을 살해하고, 교회와 철도를 파괴했습니다.

영국·미국·일본이 참가한 8개국은 연합군을 조직해 의화단을 진압하며 베이징을 점령했습니다. 청은 자본주의 국가들의 압도적 무력 앞에 다시 굴복하고 신축조약을 체결했지요. 조약에서 청은 의화단 책임자를 처벌하고, 제국주의 군대가 베이징에 주둔하는 것을 받아들였으며, 막대한 배상금 지불을 약속했습니다. 청의 반식민지화가 한층 심화되었지요.

의화단 운동의 실패로 제국주의 침략이 더 노골화하자 서태후와 위안스카이도 현상을 유지하려면 개혁이 필요하다고 뒤늦게 판단했습니다. 과거제를 폐지하고 군제를 개편하는 개혁에 나섰지요. 하지만 광서제와 서태후가 잇따라 사망하고 겨우 네 살의 푸이宣統帝가 즉위함으로써 개혁은 실패했습니다.

이미 쑨원孫文을 비롯한 혁명파는 청일 전쟁에서 패한 뒤 혁명 단체인 흥중회를 조직하고 청조 타도와 공화국 건설을 목표로 혁명 운동을 벌이고 있었습니다. 러일 전쟁을 계기로 혁명 운동을 본격적으로 전개하기 위해 중국동맹회를 결성했지요. 동맹회는 쑨원의 삼민주의―민족주의·민권주의·민생주의―를 강령으로 채택하고 만주족 왕조의 타도, 공화정의 수립, 민생의 안정을 목표로 내걸었습니다.

청은 안팎에서 높아 가는 개혁 압력으로부터 왕조를 지키기 위해 새로운 내각을 발족했지요. 하지만 새 내각조차 황족과 귀족들이 독점하면서 개혁 열망에 찬물을 끼얹었었습니다. 조세를 거부하는 농민 투쟁이 퍼져 갔지요.

마침내 1911년 10월 10일에 혁명 조직과 연결된 군인과 학생들이 우창武昌에서 봉기했습니다. 삽시간에 퍼지며 전국적인 규모의 혁명으로 발진했지요. 신해혁명입니다. 혁명 세력은 난징을 수도로 중화민국을 수립하고 쑨원을 임시 대총통으로 선출했지요.

청은 군권을 장악한 위안스카이에게 진압을 명했습니다. 쑨원은 위안스카이를 회유했지요. 황제를 퇴위시키면 내각 중심제를 조건으로 위안스카이에게 정권을 넘기겠다고 약속했습니다. 위안스카이가 쑨원의 제안에 따라 황제를 퇴위시키면서 정복 왕조이던 청은 1912년 멸망했습니다.

그런데 쑨원이 건네준 대총통의 자리에 오른 위안스카이는 약속을 지키지 않고 독재에 나섰습니다. 쑨원은 중국동맹회를 중국국민당으로 바꾸고 견제에 나섰습니다. 위안스카이는 황제에 오르려 시도했으나 저항이 컸지요.

위안스카이가 병사하자 각지에서 군벌 세력이 난립하고 제국주의 침략은 더 심해졌습니다. 그럼에도 신해혁명의 의미는 큽니다. 진의 시황제 이래 2000년 넘도록 이어 온 '황제 지배 체제'를 아래로부터 민중들이 무너뜨리고 동아시아에 처음으로 공화국을 세운 역사적 사건이니까요.

유럽을 뒤따른 일본 제국주의

일본은 유럽 자본주의 국가들이 몰려올 때 막부가 집권하고 있었습니다. 에도 막부의 대응 방식은 초기에 청과 유사했습니다. 서유럽의 통상 요구를 계속 거부하며 나가사키항을 통해서만 네덜란드와 제한적인 무역을 허용했지요.

그런데 청이 아편 전쟁에서 패하자 큰 충격을 받았습니다. 그 상황에서 미국의 페리 제독이 군함을 이끌고 강력하게 통상을 요구했지요. 에도 막부는 미·일 화친 조약을 맺고 1854년에 항구 두 곳을 개항하며 미국에 최혜국을 부여했습니다.

1858년에는 미국의 요구로 통상 조약을 맺었는데요. 치외 법권을 인정해 주었을 뿐만 아니라 수입품에 대한 관세도 일본 뜻대로 정할 수 없게 되었습니다. 이후 영국·네덜란드·러시아와도 비슷한 내용의 불평등한 조약을 체결했지요.

개항으로 막부의 권위는 크게 추락했습니다. 외국 상품이 수입되면서 국내 경제가 어려워지고 물가가 상승하자 각지에서 농민들의 폭동이 일어났지요. 개항에 불만을 품은 하급 무사들을 중심으로 외세 배격 운동도 퍼져 갔는데요.

막부의 중앙 정치에서 내내 소외되어 왔던 일본 서남부 지역의 하급 무사들이 '존왕양이'를 내걸고 정변을 일으켰습니다. 막부를 무너뜨리고 왕^{천황}이 중심이 된 새로운 정부를 수립하는 왕정복고에 나섰지요.

1868년 메이지 왕이 실권을 거머쥐고 근대 국가 수립에 나섰습니다. 이를 메이지 유신이라 합니다. 에도의 이름을 '도쿄'로 고쳐 수도로 삼았으며, 중앙 집권 체제를 수립했지요. 봉건적인 신분 구조를 개혁하고 모든 신민에게 의무 교육을 실시했습니다.

메이지 유신 이후 쏟아지듯 들어온 유럽 문화의 영향으로 의회를 개설하고 국민의 정치 참여를 보장해야 한다는 자유 민권 운동이 일어났습니다. 심지어 '미국을 어머니로, 프랑스를 아버지로 따르자'거나 영어로 연설하면 더 권위가 있다며 일본어 표기를 알파벳으로 고치자는 주장도 나왔습니다. 일본인들의 옷차림과 건물을 비롯한 도시의 모습이 서양식으로 바뀌었고 도쿄는 유럽의 도시를 닮아 갔습니다.

메이지는 자유 민권 운동 탄압에 나서면서 일부 요구를 받아들였습니다. 일본 제국 헌법을 공포하고 의회를 설립해 입헌 군주국의 외양을 갖추었습니다. '교육 칙어'를 제정해 왕에 대한 충성심과 애국심을 고취하고 일본 전통 종교인 신도를 사실상의 국교로 삼아 신사를 세웠지요. 일본인들에게 왕 중심, 국가 중심의 사고가 깊숙이 자리 잡게 된 배경입니다. 일본인의 왜소한 체격을 넘어서자며 백인을 따라잡으려면 고기와 우유를 먹어야 한다는 운동도 대대적으로 벌였지요.

하지만 신분 제도 개혁으로 과거의 특권을 상실한 무사들이 각지에서 말썽을 일으키며 정국 불안 요소가 되었습니다. 메이지 정부의 일부 대신들은 국내의 불만을 해소하는 방안으로 이웃 나라 조선을 정벌하자는 정한론을 제기했지요.

그 시기에 제국주의 국가들 모두 조선에 침략적 접근을 시도했습니다. 프랑스와 미국은 병인양요[1866]와 신미양요[1871]를 일으켜 조선에 개항을 요구했으나 흥선 대원군은 통상 수교를 완강히 거부했습니다.

그러나 흥선 대원군이 물러나면서 재빠르게 일본이 조선에 개항을 요구해 1876년 불평등 조약인 강화도 조약을 체결했지요. 일본은 미국에 당한 것을 고스란히 조선에 적용했습니다. 조선은 일본에 이어 미국·영국·독일·러시아와도 통상 조약을 체결했지요.

개항 이후 서양 문물의 도입과 전통의 보호를 둘러싸고 조선 내에 개화파와 위정척사파의 대립이 거셌습니다. 그 상황에서 개화파가 갑신정변을 일으켜 급진적 개혁을 추진했으나 실패했지요. 개화파는 일본에 의존해 정변을 일으켰고 왕실은 청에 구원을 요

강화도 조약을 맺을 낭시의 모습입니나. 강화도 조약은 일본이 조신의 해인을 자유로이 측량하는 것을 허용하고, 치외법권을 인정하는 등 우리나라의 권익을 지키지 못한 불평등 조약이었습니다.

청했습니다. 청과 일본은 톈진 조약을 맺어 '조선에서 청·일 양군의 동시 철병, 조선의 변란으로 군대를 파병할 때 먼저 상대방에 통보한다'고 합의했지요.

청과 일본을 비롯한 외세의 침략이 노골화하자 조선의 민중들이 동학사상에 근거해 개혁과 반외세를 주장하며 봉기했습니다. 동학 혁명군이 관군을 격파하며 북상하자 다급해진 왕실은 어이없게도 청에 진압을 요청합니다. 청이 군대를 파견하자, 일본도 톈진 조약을 내세워 조선에 군대를 파견했습니다. 바로 청일 전쟁입니다.

미국에 개항 이후 빠르게 근대화한 군사력을 바탕으로 승리한 일본은 전쟁 배상금으로 청나라의 1년 세입의 두 배에 이르는 거금을 받아내 한층 군비를 확장했습니다. 할양받기로 한 랴오둥반도는 일본의 세력 확대를 견제하려는 러시아, 독일, 프랑스 삼국의 간섭으로 확보에 실패했습니다. 삼국의 위세에 밀린 일본은 랴오둥반도에서 철수하는 대가로 청으로부터 추가 배상금을 챙겼습니다.

일본은 군비를 확장하며 러시아의 남하를 경계하던 영국과 동맹을 맺었지요. 러시아와의 전쟁을 치밀하게 준비해 갔습니다. 1904년 일본의 선제공격으로 러일 전쟁이 일어나면서 조선은 다시 전쟁터가 되었지요.

조선 왕조가 근대적 모습을 갖추어 출범한 대한제국^{한국}은 중립을 선언했지만 일본은 철저히 무시했습니다. 러시아와의 전쟁에 필요한 철도 시설을 장악하고 한국 내정에 노골적으로 간섭했지요. 일본은 러시아 세력의 확장을 저지하려는 영국과 미국의 군비 지원에 힘입어 러일 전쟁에서 승리했습니다.

일본은 자신들이 아시아를 대표해서 제국주의 열강에 맞서 싸운다고 선전했습니다. 하지만 러일 전쟁에서 이기자 곧장 마각을 드러내며 한국의 주권을 농락했습니다. 유럽 제국주의 국가들로부터 배운 수법으로 1910년 이웃 나라인 한국을 식민지로 삼았습니다.

제국주의 이론적 무기 '사회 진화론'

유럽의 19세기를 특징짓는 사건 가운데 산업 혁명과 더불어 눈여겨볼 것은 과학의 발전입니다. 생물학자 다윈은 1859년 『종의 기원』에서 적자생존의 진화론을 주장해 사상계에 큰 영향을 끼쳤습니다. 멘델은 유전 법칙의 기초를 밝혔고, 파스퇴르는 전염병의 원인이 세균임을 밝혀 질병 치료와 예방에 기여했습니다.

그런데 다윈의 적자생존론을 '경쟁을 통해 가장 적합한 종만이 살아남는다'는 이론으로 단순화해서 인간 사회에 적용하려는 사람들이 등장했습니다. 사회 진화론자들인데요. 그들은 인류 또한 생존 경쟁에서 가장 우월한 종족이 선택받기 마련이라고 주장했지요.

영국의 허버트 스펜서가 대표적 학자입니다. 그는 인간 사회의 생활이란 생존 경쟁이며 그 투쟁은 적자생존에 지배된다고 강조했습니다. 역사적으로 약자는 줄어들고 그들의 문화는 영향력을 잃게 마련이며, 강자는 더 강력해지고 문화적 영향력이 커진다고 보았습니다.

제국주의자들은 사회 진화론을 자신들의 침략을 정당화하는 데 이용했습니다. 백인은 우월한 인종이고, 황인이나 흑인은 미개하며 열등한 인종이라는 인종주의를 뒷받침했지요. 자연 생태계와 마찬가지로 인간 사회도 적자생존, 우승열패의 원리가 '과학적 법칙'이라고 단언했습니다.

사회 진화론자들은 계급적 불평등 또한 개인들 사이의 자연적 불평등에서 비롯했다고 정당화합니다. 근면·절제·검소와 같은 우월한 성격이 재산의 차이를 낳았다는 거죠. 따라서 가난한 자는 '도태된 자'이기 때문에 도움을 주어서는 안 되며, 생존 경쟁에서 부는 성공의 상징이라고 주장했습니다. 그래서 국가가 개입해 사회를 개혁하는 시도는 자연적 과정을 방해하는 것이라고 규탄합니다.

19세기 말 서둘러 제국주의 대열에 합류한 일본은 사회 진화론을 적극 받아들여 적자생존과 생존 경쟁 논리를 체화해 갔습니다. 사회 진화론에 대한 일본인들의 번역서와 저서가 1900년대 조선에도 소개되기 시작했지요.

조선의 개화파 유길준이 쓴 『서유견문西遊見聞』에서 그 영향을 발견할 수 있는데요. 유길준은 사회 진화론 관점에서 미개·반개화·개화라는 3단계 발전의 문명관을 제시했습니다. 당시 약육강식하는 제국주의 열강들의 침략을 목격하고 위기감을 느끼고 있던 조선의 지식인들은 사회 진화론을 이른바 '선진' 정치사상으로 선뜻 받아들였는데요. 제국주의 침략을 받고 있던 현실에서 약자는 강자의 침탈을 받는 것이 당연하다는 인식이 퍼져 갔지요.

흔히 사회 진화론과 다윈의 진화론은 사회와 자연이라는 대상만 다를 뿐 동일한 이론이라고 주장하는 사람들도 많지만 사실과 다름을 분명히 인식할 필요가 있습니다. 다윈의 진화론은 주어진 환경에 적합한 특징을 가진 개체가 살아남는 것을 진화의 과정이라고 보았거든요. 따라서 다윈에게 진화는 우열의 문제가 결코 아닙니다. 반면에 사회 진화론은 생물

개체 자체에 고등한 특징과 열등한 특징이 있어 고등한 것이 경쟁을 통해 살아남는다고 주장합니다. 다윈의 진화론과는 차이가 크고 과학적 주장도 아닙니다.

사회주의는 왜 자본주의를 비판하나?

"인간이 역사를 만들기 위해서는 먼저 생존해야 한다는 것이 모든 역사의 첫째 전제 조건이다. 인간이 생존하기 위해서는 무엇보다 의식주를 비롯해 다른 많은 것들이 충족돼야 한다."

사회주의 사상을 정초한 철학자 마르크스의 명제입니다. 그가 역사를 인식하는 틀인데요. 흔히 역사 유물론이라고 하지요. 그는 역사의 출발점을 인간의 구체적 삶에서 찾습니다. 인간이 생존하려면 꼭 갖춰야 할 의식주를 비롯한 생필품을 누가 생산하는가에 사회주의자들이 주목하는 이유입니다.

인류 역사는 고대 노예제 사회→중세 봉건제 사회→근대 자본주의 사회로 발전해 왔고, 각각 노예와 농노, 노동인들이 의식주를 비롯한 생필품을 생산해 왔다고 봅니다. 그 맥락에서 마르크스는 "지금까지의 모든 사회의 역사는 계급 투쟁의 역사다"라고 강조합니다.

고대 사회에서는 자유민과 노예, 귀족과 평민이 있었고 중세 사회에서는 영주와 농노가 '서로 영원한 적대 관계'에 있었다고 분석했지요. 그래서 자유민·귀족·영주와 같은 억압자와 노예·농노와 같은 피억압자가 때로는 은밀하게 때로는 공공연하게 끊임없는 투쟁을 벌여 왔다고 설명합니다. 그 투쟁은 "언제나 사회 전체가 혁명적으로 개조되거나 그렇지 않으면 투쟁하는 계급들이 함께 몰락하는 것으로 끝났다"고 보았는데요. 가령 노예제 사회나 농노제 사회가 인류 역사에서 노예나 농노와 함께 사라진 사실을 근거로 제시합니다.

　　마르크스가 중세 농노 사회를 넘어선 자본주의 사회를 '예찬'하는 대목은 흥미롭습니다. 자본주의를 주도한 상공인들이 100년도 채 못 되는 계급 지배 동안에 과거의 모든 세대가 만들어 낸 것을 다 합친 것보다도 더 많고, 더 거대한 생산력을 만들어 냈다는 거죠. 이어 감탄합니다.

　　"자연력의 정복, 기계에 의한 생산, 공업과 농업에서의 화학의 이용, 기선에 의한 항해, 철도, 전신, 세계 각지의 개간, 하천 항로의 개척, 마치 땅 밑에서 솟아난 듯 엄청난 인구, 이와 같은 생산력이 사회적 노동의 태내에서 잠자고 있었다는 것을 과거의 어느 세기가 예감이나 할 수 있었던가."

　　하지만 자본주의가 발달하면서 노동인들의 상황은 어려워집니다. 마르크스는 자본주의 사회에서 노동인들은 "일거리가 있을 때만 생존할 수 있으며, 그들의 노동이 자본을 늘려 주는 한에서만 일거리를 얻을 수 있다"고 보았습니다. 자신의 노동력을 팔지 않으면 안 되는 노동인들은 다른 온갖 판매품과 마찬가지로 하나의 상품이며, 따라서 다른 상품과 마찬가지로 경쟁의 성패와 시장의 변동에 내맡겨져 있다고 안타까워했지요.

마르크스는 노동인들 개개인이 자본 앞에 약하지만 단결하면 자본주의를 넘어선 새로운 사회를 실현할 수 있다고 판단했습니다. 실제로 그는 노동인들의 조직을 강조했고 실천에도 나섰습니다. 1864년 국제노동인협회 인터내셔널가 처음 창설될 때, 마르크스는 사상적 지주였습니다.

유럽의 노동 계급은 그의 사회주의 사상에 힘입어 단결에 나섰지요. 그는 1883년 세상을 떠났지만, 사회주의 사상은 20세기 내내 다채롭게 전개되었습니다.

셋

사회주의 혁명과
수정 자본주의

세계 곳곳에서 식민지 건설 경쟁을 벌이던 유럽의 제국주의 열강들은 마침내 정면으로 충돌합니다. 인류에게 세계사적 대참사를 불러온 두 차례의 '세계 대전'이 그것입니다. 수천만 명의 목숨을 빼앗아 간 만큼 대체 왜 그런 참극이 일어났는지 정확한 역사적 인식이 필요하겠지요.

1차 세계 대전의 발단은 뒤늦게 통일을 이룬 독일이 식민지 쟁탈전에 나서면서 비롯했습니다. 통일을 주도하고 독일 제국의 초대 총리가 된 비스마르크는 프랑스를 외교적으로 고립시키는 한편 유럽 각국의 세력 균형을 유지해 갔습니다.

독일 제국의 국제적 지위가 확고해지자 1888년 황제 자리를 세습한 젊은 빌헬름 2세는 욕심이 생겼습니다. 비스마르크를 해임하고 오스만 제국과 철도 부설 조약을 맺으며 베를린·비잔티움·바그다드를 연결하는 팽창주의 정책3B 정책을 추진했지요.

독일의 팽창 정책에 위협을 느낀 프랑스와 러시아는 상호 군사적 지원을 약속했습니다. 거기에 영국이 참여해 '3국 협상'을 이뤘습니다. 영국은 남아프리카의 케이프타운과 이집트의 카이로, 인도의 콜카타3C 정책를 연결하며 독일의 팽창 정책을 저지하고 있었지요.

3국 협상국의 하나인 러시아는 19세기에 들어와서도 여전히 차르로 불린 전제 군주가 통치했습니다. 농노제가 유럽에서 가장 오랫동안 지속되고 있었기에 그에 대한 반발이 러시아 내부에서 거세게 일어나고 있었지요.

러시아의 일부 청년 장교들은 나폴레옹 전쟁과 함께 서유럽에서 불어온 자유주의 영향을 받았습니다. 1825년 니콜라이 1세의 즉위식 날에 전제 정치와 농노제의 개혁을 요구하며 봉기를 일으켰지요.

12월러시아어로 '데카브리'에 일어나 '데카브리스트의 봉기'라고 하는데요. 실패로 끝나 주모자 5명이 교수형을 당했지만 그들의 봉기로 민중들은 눈을 떴습니다. 봉기에 놀란 니콜라이 1세가 전제 통치를 더 강화해 그만큼 개혁 열망도 커져 갔습니다.

민중의 저항이 커져 가자 니콜라이 1세를 이어 제위에 오른 알렉산드르 2세는 뒤늦게 농노 해방령을 발표하고, 지방 의회를 창설했습니다. 하지만 이미 제국의 저항 세력은 그 정도에 만족하지 못했습니다. 알렉산드르 2세는 결국 암살당했지요.

황제 자리에 오른 니콜라이 2세재위 1894~1917는 암살에 보복이라 도 하듯 전제 정치를 더욱 강화하고 자유주의를 철저히 탄압했습니다. 농민들은 여전히 지주들의 가혹한 착취에 시달렸지요. 더하여 새로운 계급이 등장하고 있었습니다.

노동 계급과 러시아 혁명

유럽의 다른 나라들보다 늦었지만 러시아 제국도 국가가 주도해 산업화를 본격적으로 전개했습니다. 그 결과 노동인들이 빠르게 늘어났지요. 지식인들은 마르크스의 사회주의 사상을 받아들여 노동 계급과 함께 차르의 전제 정치를 끝장내려는 혁명 운동에 나섰습니다.

마침 러일 전쟁에 패배하면서 '차르 체제'의 권위가 추락했습니다. 1905년 상트페테르부르크 노동인들은 정치·경제적 권리를 요구하는 평화 시위를 벌였지요. 차르의 수비대가 시위대에 발포하면서 수많은 사상자가 발생했습니다. '피의 일요일 사건'으로 불립니다.

분노한 노동인·농민들의 파업과 시위가 이어졌습니다. 차르 니콜라이 2세는 민중들의 자유권 보장, 두마의회 설치와 같은 개혁을 약속했지요. 차르의 공언을 믿고 파업과 시위를 접었습니다.

'피의 일요일 사건'. 차르의 군대가 개혁을 요구하는 시위대를 향해 무자비하게 발포한 사건입니다.

하지만 아니었습니다. 황제는 위기를 모면하자 약속과 달리 전제 정치를 더 강화했지요. 농민과 노동인들의 생활은 개선될 조짐이 조금도 보이지 않았습니다.

제국 밖에서도 긴장이 높아 가고 있었습니다. 러시아는 영국·프랑스와 우호적 관계를 맺고 있었는데요. 그 '3국 협상'에 맞서 독일은 오스트리아-헝가리 제국, 이탈리아와 3국 동맹을 체결했습니다.

독일과 영국이 한창 군비 경쟁을 벌이고 있을 때 '유럽의 화약고'라 불린 발칸 지역에 전쟁의 먹구름이 짙게 드리웠습니다. 본디 발칸반도에는 다양한 민족들이 살고 있었지요. 오스만 제국과 오스트리아-헝가리 제국이 시나브로 약화하면서 오랫동안 억압당해 왔던 소수 민족들의 독립 움직임이 활발했습니다. 그 틈을 타고 서유럽 자본주의 국가들이 개입했지요.

러시아는 범슬라브주의를 주장하며 영향력 강화에 나섰습니다. 독일과 오스트리아-헝가리 제국은 범게르만주의를 내세우며 대립에 들어갔지요.

오스만 제국에서 청년 튀르크당의 혁명이 일어나자 오스트리아-헝가리 제국은 내부에서 슬라브 민족들의 독립 움직임이 일어날까 우려했습니다. 서둘러 오스만 제국 밑에 있던 보스니아와 헤르체고비니를 병합했지요. 그러자 세르비아가 범슬라브주의를 내세워 반발했습니다.

1914년 6월 오스트리아-헝가리 제국의 황태자 부부가 보스니아의 수도 사라예보를 방문했을 때 총성이 울립니다. 사라예보 사건으로 부르는데요. 세르비아계 청년의 총에 황태자가 암살당한 오스트리아-헝가리 제국은 전쟁을 선포합니다. 곧장 세르비아 수도 베오그라드를 공격했지요.

그러자 같은 슬라브 민족인 러시아가 군대를 동원해 세르비아를 지원했습니다. 독일도 가만히 있지 않았지요. 오스트리아-헝가리를 지원하면서 러시아에 선전 포고를 했습니다. 곧이어 프랑스가 독일을 공격했지요. 독일이 국제 질서에 주도권을 쥐는 사태를 우려한 영국도 전쟁에 뛰어들었습니다. 그렇게 제1차 세계 대전이 벌어졌습니다.

독일 제국의 황제는 자신만만했지요. 하지만 영국군의 지원을 받은 프랑스군도 만만하지 않았습니다. 전선이 교착되면서 참호를 파고 장기전에 돌입했지요. 독일과 프랑스, 두 나라의 젊은이들이 서로를 죽이는 학살극이 내내 벌어졌습니다.

바다에서도 독일의 잠수함 작전은 의도와 다른 결과를 빚었습니다. 영국으로 들어가는 모든 선박을 격침해 식량과 원료의 공급을 차단하는 전략이었지요. 그런데 독일 잠수함이 미국 상선을 3척 침몰시키면서 상황은 급변합니다. 미국이 독일에 선전 포고하면서 참전했지요.

독일군은 동부 전선에선 연전연승했습니다. 오스트리아-헝가리 제국의 군대와 함께 러시아로 진격해 들어갔지요. 독일에 비해 무기가 열악했던 러시아는 패전을 거듭했습니다. 차르가 인적·물적 자원을 끊임없이 징발하면서 러시아 내부에서 전쟁에 대한 혐오감이 빠르게 퍼졌습니다.

1917년 2월 러시아 수도 상트페테르부르크에서 노동인들이 봉기하며 차르 타도, 제국주의 전쟁 중단, 식량 배급을 주장했습니다. 노동인들의 봉기에 민중들이 대거 동참하자 진압에 나섰던 병사들까지 시위대로 넘어갔지요.

노동인과 병사 대표들은 소비에트를 결성하며 혁명을 밀고 나갔습니다. '소비에트'는 러시아어로 평의회, 대표자 회의를 뜻합니다.

차르 니콜라이 2세는 퇴위할 수밖에 없었습니다. 케렌스키를 수반으로 하는 임시 정부가 수립되었지요. 2월 혁명입니다.

그런데 임시 정부는 산적한 문제 해결에 우물쭈물했습니다. 독일과의 전쟁도 계속 이어 갔지요. 제국의 주요 도시에서 다시 노동인·농민들의 대규모 시위가 일어났습니다. 그때 차르의 탄압을 피해 스위스에 망명했던 사회주의 혁명가 레닌이 귀국하지요.

레닌은 즉각 전쟁을 중지하고 토지를 농민에게 분배하라며 임시 정부를 압박했습니다. 그럼에도 임시 정부가 전쟁을 이어 가자 노동인과 농민, 병사들의 지지를 바탕으로 봉기를 일으켜 새로운 혁명 정부를 수립했지요. '10월 혁명'으로 부릅니다.

레닌이 혁명 이전부터 차르에게 전쟁을 중단하라고 요구한 까닭은 무엇일까요? 보기에 따라선 매국 행위로 비난할 수 있습니다. 실제로 러시아의 자본가들과 지주들은 레닌을 '독일 제국의 간첩'으로 격렬하게 몰아세웠지요.

하지만 사회주의 혁명가 레닌에게 1차 세계 대전은 제국주의 국가들의 자본가들이 자신들의 이익을 위해 벌인 전쟁이었습니다. 그러니까 독일과 러시아의 전쟁은 독일 자본가들과 러시아 자본가·지주들 사이의 전쟁이라는 거죠.

따라서 어느 한 나라가 전쟁에서 이기더라도 그 혜택은 자본가들에게만 돌아간다고 보았습니다. 상대국 병사를 죽이고 승전해도 노동인들의 삶은 달라지지 않는다는 거죠. 자본가들이 주도하는 제국주의 전쟁에 공연히 노동인들이 말려들어 서로를 죽일 이유가 없다고 본 것입니다.

자본주의 국가들의 제국주의가 불러온 제1차 세계 대전은 인류에게 참혹한 결과를 빚었습니다. 대형 대포와 기관총을 비롯해 대량 살상 무기들이 보급되면서 서로 맞붙어 싸우던 과거의 전쟁은 차라리 낭만적인 풍경이 되었습니다.

대치하는 전선 앞에 참호를 파고 사수하는 참호전이 1차 세계 대전에서 시작됐습니다. 참호를 뺏기면 후퇴해서 다시 참호를 만들고 병사들로 하여금 죽을 때까지 지키도록 명령했지요. 참호를 지키는 데도 다시 뺏는 데도 엄청난 희생자가 발생할 수밖에 없겠지요.

참호전의 끔찍한 결과를 가장 대표적으로 보여 주는 전투를 엿볼까요. 1917년 7월 31일부터 11월 6일까지 벨기에의 파스샹달페젠데일에서 일어난 전투인데요. 독일군 방어선을 뚫기 위해 영국 연방군영국, 호주, 네덜란드, 캐나다, 남아프리카공화국이 공격한 전투였지요. 독일군이 완강히 방어해 영국 연방군은 겨우 8km 전진하는데 30만 명의 사상자를 냈습니다. 독일군 또한 사상자가 20만 명에 이르렀지요.

비단 파스샹달 전투만이 아닙니다. 1차 세계 대전의 사상자는 3000만 명이 넘습니다. 사회주의자들은 그들이 노동인을 비롯한 민중이라는 사실을 강조합니다. 자본주의가 아니라면 서로 적이 되어 죽일 아무런 이유가 없었다는 것이 사회주의자들의 신념이

케테 콜비츠의 작품 〈독일 어린이들
이 굶주린다〉(1924년)입니다. 독일
의 판화가인 그의 작품은 1차 세계
대전으로 궁핍해진 민중의 절망적
이고 암담한 현실을 담고 있습니다.

자 분노였습니다.

　레닌이 이끄는 러시아공산당은 혁명 정부를 수립한 뒤 1918년 3
월 독일과 단독 강화 조약브레스트-리토프스크 조약을 맺어 전쟁에서 벗어
났습니다. 이어 토지를 농민들에게 분배하고, 자본가들이 소유하
고 있던 산업 시설을 국유화했습니다.

　레닌은 계속 전쟁을 벌이는 모든 나라의 노동인들에게 서로를
겨누는 총칼을 거두라고 호소했습니다. 레닌은 노동인들이 소속
국가를 넘어 서로 손잡고 각각 자국의 자본주의 지배 계급과 싸워

야 새로운 사회를 이룰 수 있다고 역설했습니다.

러시아 혁명 정부와 강화 조약을 맺은 독일 제국은 서부 전선에 총력을 기울일 수 있었습니다. 하지만 동맹국이던 오스만 제국과 오스트리아-헝가리 제국이 차례로 항복하며 전세가 기울었지요.

결국 빌헬름 2세는 황제 자리에서 물러나 망명했고, 독일 제국은 공화국으로 바뀌었습니다. 4년여에 걸친 1차 세계 대전은 비로소 종결되었지요. 최소 900만 명이 죽음을 맞았고 2200여만 명이 부상당했습니다.

1919년 1월 미국, 영국, 프랑스를 비롯한 전승국의 대표들은 전후 문제를 처리하려고 파리에서 강화 회의를 개최했습니다. 패전국 독일과 베르사유 조약을 체결했는데요. 독일은 모든 해외 식민지를 잃고 막대한 전쟁 배상금을 부담할 수밖에 없었지요.

노동 계급의 혁명이 일어난 러시아의 상황은 급박했습니다. 국내에선 혁명을 거부하는 자본가와 지주들이 반혁명 세력을 결집시켰고 국외에선 사회주의 확산을 우려한 제국주의 국가들이 군사적 개입에 나섰습니다.

러시아는 내전에 휩싸였지요. 하지만 레닌과 러시아공산당은 노동인·농민의 지지를 받으며 반혁명 세력을 물리쳤습니다. 다만 그 과정에서 경제가 어려워져 민중의 고통과 불만이 쌓여갔지요. 레닌은 농업과 공업 분야에 시장 경제 요소를 일부 도입한 신경제 정책NEP을 실시해 노동인과 농민들의 삶을 안정시켰습니다.

반혁명 세력을 몰아내고 정권을 안정시킨 레닌은 본디 러시아 제국에 속해 있던 민족들과 함께 1922년 '소비에트 사회주의공화국 연방'소련을 수립했습니다. 처음에는 러시아와 우크라이나를 비롯해 4개국으로 출범했지만 곧이어 다른 공화국들도 참여했지요.

　소련은 러시아, 아제르바이잔, 아르메니아, 우크라이나, 우즈베키스탄, 에스토니아, 카자흐스탄, 키르기스스탄, 조지아, 타지키스탄, 투르크메니스탄, 벨라루스, 몰도바, 라트비아, 리투아니아의 15개 공화국이 결합한 연방이었습니다. 국가 권력의 최고 기관은 연방 소비에트와 민족 소비에트로 이원화된 최고 소비에트 회의였지요. 최고회의는 양원의 합동 회의에서 간부회를 선출하고 그 의장을 소련의 국가 원수로 정했습니다. 다만 실제 권력을 움직인 것은 소련공산당과 당의 지도자인 서기장이었습니다.

　레닌을 이어 집권한 스탈린은 일국 사회주의론을 주장했습니다. 중공업을 중심에 둔 경제개발 5개년 계획을 추진하면서 소련의 경제력은 빠르게 성장했지요. 사회주의 혁명이 모든 자본주의 국가에서 일어나야 새로운 시대를 열 수 있다는 마르크스와 레닌과 달리 스탈린은 일국 사회주의론을 통해 먼저 소련 한 나라에서 사회주의를 건설하고 그 다음에 세계 혁명을 구현하자고 주장했습니다.

자본주의 위기와 수정 자본주의

미국은 제1차 세계 대전을 거치면서 세계 경제의 중심국으로 발돋움했습니다. 전쟁이 유럽에서 벌어졌기 때문에 미국의 생산 시설은 전혀 파손되지 않았을 뿐만 아니라 연합국을 상대로 군수 물자를 판매하면서 엄청난 부를 축적할 수 있었거든요.

유럽 국가들은 미국에 상당한 부채를 지게 되면서 복잡한 채무 관계에 얽혀들었지요. 전후 복구 과정에 필요한 자본을 미국으로부터 차관으로 들여오면서 미국과 유럽 경제의 연관성은 높아졌습니다.

하지만 미국 자본주의도 1920년대 중반부터 불황에 빠집니다. 유럽 국가들의 경제 회복이 늦어지면서 미국 생산품들의 재고가 쌓이고 노동인들의 실업은 늘어났습니다.

마침내 1929년 10월 24일 뉴욕 증권거래소의 주가가 폭락하기 시작합니다. 세계 대공황이 일어나는 순간이었지요. 3주 만에 주가가 반토막 납니다. 은행과 기업들의 파산이 줄을 이었습니다. 실업자가 급증하며 농산물 가격도 폭락했지요. 미국 경제에 크게 의존하고 있던 유럽과 아시아 여러 국가들도 큰 타격을 받았습니다.

1933년에 들어서자 미국 국민 네 명 가운데 한 명이 실직 상태였습니다. 미국 투자자들이 유럽 여러 나라에 빌려주었던 대출금을 회수하면서 국제적인 금융 위기가 닥쳐왔지요.

무료 급식소에 줄을 선 시카고의 남성 실업자들(1931년). 가게 앞 표지판에 '실업자를 위한 무료 수프 커피와 도넛'이라고 쓰여 있습니다.

세계적 대공황에서 벗어나기 위해 각국은 여러 정책을 펼쳤습니다. 미국 대통령 루스벨트는 케인스의 수정 자본주의^{revised capitalism}론을 받아들였습니다. 케인스는 자본주의가 공황이나 불황을 막으려면 사회 전체의 유효 수요가 늘어나야 한다며 사람들이 상품을 살 수 있도록 정부 개입이 필요하다고 역설했지요.

간단히 말하면 자본가들이 생산한 상품들을 가난한 사람들도 살 수 있도록 소득을 높여 주자는 주장입니다. 시장 확대 정책인 거죠. 수정 자본주의는 여러 갈래가 있지만 자유방임주의에서 벗어나 정부가 시장 경제에 적극 개입한다는 점에서 공통점을 갖습니다.

루스벨트는 뉴딜^새 정책을 통해 경기 회복과 함께 사회 개혁을 추진했지요. 전국 산업 부흥법과 농업 조정법과 같은 법안과 제도 개혁을 통해 금융과 산업을 통제했습니다. 노사 관계법과 사회 보장법으로 노사 관계를 안정시키고 최저 임금제와 복지 정책을 적극 추진했지요.

'뉴딜'은 고용을 창출하고 실업자들을 구제하기 위해 테네시강 계곡 개발 사업과 같은 대규모 공공사업을 벌였습니다. 외교력을 동원해 중남미 국가들과의 교역도 늘려갔지요. 정부의 적극적인 경제 개입으로 미국 경제는 점차 회복되어 갔습니다.

영국은 대공황의 여파를 줄이기 위해 노동당과 보수당이 협력해서 거국 내각을 구성했습니다. 수입 관세를 도입해 기간산업 보호에도 나섰지요. 식민지를 포함한 영국 연방을 결성하고 경제적 유대 관계를 강화하는 경제 블록도 형성했습니다.

프랑스는 사회당과 공산당이 참여하는 연립 정부를 구성해 군수 산업과 은행에 대한 통제를 강화했습니다. 노동인과 농민들의 생활 안정을 위해 주당 44시간 노동제, 최저 임금제 등을 실시하고 곡물 가격 안정을 위한 기구를 설치했습니다. 아시아·아프리카의 식민지를 연결하는 경제 블록을 만들어 대공황에서 벗어나려고 노력했지요.

유럽 각국이 보호주의와 경제 블록화 정책을 시행하면서 국내 산업 기반이 취약하고 해외 식민지도 많지 않았던 국가들은 위기를 맞았습니다. 이탈리아에서 먼저 정치 체제의 변동이 일어났는데요. 극심한 인플레이션으로 실업자가 증가하고 사회주의 사상이 확산되면서 자본가들의 불안감이 높아갈 때 무솔리니가 등장합니다.

무솔리니는 사회주의와의 전쟁을 선포하며 '전우단'을 결성하고 과시적 거리 행진을 통해 조직을 확대했습니다. 이윽고 파시스트당을 만들어 노동 운동을 폭력적으로 진압하고 사회주의자들을 축출했지요. 로마로 진격해 쿠데타로 정권을 잡은 무솔리니는 모든 신문을 검열하며 언론 자유를 압살하고 노동조합을 해체했습니다. 자신의 파시스트당을 제외한 모든 정당을 해산함으로써 일당 독재 체제를 구축했지요.

파시즘은 '묶음'을 뜻하는 이탈리아어 '파쇼fascio'에서 유래한 말로 국가의 권위와 결속을 상징합니다. 파시즘은 고전적인 폭압 정치와는 성격이 다릅니다. 대중들의 감정을 자극해 열정을 끌어모으지요. 다른 나라 침략을 위해 '단결'을 강조하는 극우 정치 이데올로기입니다.

파시즘의 파도는 독일 공화국에 도달해 더 극단화합니다. 독일은 미국의 차관이 들어오면서 경제가 다소 회복되던 중에 세계적 대공황으로 다시 큰 타격을 입었는데요. 그 과정에서 파시즘으로 무장한 나치당이 점차 세력을 확대했지요.

나치는 독일 경제가 어려워진 책임을 사회주의자들과 유대인들 탓으로 선동했습니다. 1932년 총선에서 히틀러의 나치당은 1차 세계 대전의 책임을 일방적으로 독일에게만 돌린 베르사유 조약의 파기를 공약했습니다. 독일 민족의 우수성을 강조하면서 중산층과 청년층·농민들의 지지를 얻어 제1당이 되었지요.

집권한 히틀러는 친위대와 국가 비밀경찰을 동원해 강력한 독재 권력을 확립합니다. 동시에 사회를 타락시키는 '주범'으로 유대인을 지목하고 박해했지요. 1933년 독일은 국제 연맹을 탈퇴하고 재무장을 선언했습니다.

파시즘은 반자유주의·반민주주의·반공주의를 내걸고 민족적이고 권위적인 국가를 공개적으로 추구했습니다. 민족의 재생과 '정화'를 부르짖으며 역사와 문화를 낭만적이고 신비주의적으로 채색

히틀러의 나치당은 1932년 총선에서 중산층과 청년층·농민들의 지지를 얻어 제1당이 됩니다.

했지요. 젊음과 남성성을 강조한 것도 그 연장선입니다.

에스파냐는 대공황에서 벗어나기 위해 좌파 연합 정부가 개혁에 나서자 프랑코 장군이 쿠데타를 일으켰습니다. 히틀러의 독일과 무솔리니의 이탈리아가 쿠데타를 지원하면서 내전으로 확대되었지요.

에스파냐 내전이 한창이던 1938년에 독일은 베르사유 조약을 어기고 범게르만주의를 내세우며 오스트리아를 강제로 합병했습니다. 이어 체코슬로바키아의 수데텐 지역을 내놓으라고 요구했지요.

영국과 프랑스는 파시즘에 유화 정책으로 일관했습니다. 파시즘을 이용해 공산주의가 서유럽으로 확산되는 것을 막을 생각이었지요. 두 나라는 독일·이탈리아와 회담을 열고 히틀러가 더 이상의 영토를 요구하지 않는다는 조건으로 수데텐 지역을 넘겨주었습니다.

그러나 히틀러는 얼마가지 않아 약속을 깼습니다. 체코슬로바키아의 다른 지역을 모두 점령했지요. 아울러 폴란드에도 단치히 일대를 내놓으라고 요구했습니다. 영국과 프랑스는 파시즘 세력의 확대를 우려하며 폴란드, 루마니아, 그리스 3국과 조약을 체결하고 독일의 요구를 거절합니다.

독일은 소련과 만나 두 나라가 폴란드를 분할하고 전쟁이 일어나면 서로 중립을 지킬 것을 뼈대로 불가침 조약을 맺었습니다. 곧이어 폴란드를 침략했지요. 1939년 영국과 프랑스가 독일에 선전포고를 하면서 제2차 세계 대전이 벌어집니다.

독일과 이탈리아가 손잡고 벌이는 전쟁에 동아시아에서는 일본이 가세했습니다. 1차 세계 대전으로 경제적 호황을 누렸던 일본은 미국에서 시작된 세계 대공황으로 어려움에 처해 있었지요. 이미 조선을 장악하고 있던 일본 군부는 만주를 침략해서 괴뢰 정권을 세웠습니다. 이어 중화민국^{중국} 정복에 나서지요.

하지만 중국과의 전쟁이 장기화하면서 전쟁 물자 부족에 시달립니다. 일본은 중국과의 전쟁 수행을 위한 원유와 자원을 확보한다는 명분으로 동남아시아를 침략했지요. 태평양으로 세력권을 확장해 가며 이를 '대동아 공영권'으로 선전했습니다. 동아시아의 공동 번영을 내세웠지만, 실상은 일본이 모두 지배하겠다는 야욕이었지요.

유럽에서 독일·이탈리아와 싸우고 있던 미국·영국·네덜란드는 자국 안에 있는 일본 자산을 동결하고 각종 원자재의 일본 수출을 금지했습니다. 아시아·태평양 지역에서 팽창하는 일본을 막기 위해 미국·영국·중국·네덜란드가 경제적 봉쇄에 나선 것을 각 나라의 영문 국명에서 첫 글자를 따 'ABCD 동맹'으로 부릅니다. 1941년 12월 일본이 미국의 해군 기지가 있는 하와이 진주만을 기습하면서 동아시아 전역은 물론 태평양의 평화로운 섬들까지 세계 대전의 불길에 휩싸였습니다.

민족 해방 운동과 새 국가 건설

자본주의 국가들이 제국주의로 치달으며 서로를 학살한 1차 세계 대전이 끝날 때부터 지구 곳곳에서 민족 해방 운동이 거세게 일어났습니다. 1917년 러시아 10월 혁명으로 집권한 레닌은 식민지 민족들의 해방 운동을 옹호하며 적극 지원했습니다. 새로운 국제 기구인 코민테른Comintern: Communist International이 제국주의 압제에 고통받는 식민지의 독립 운동을 인적·물적으로 도왔지요.

이를테면 일본 제국주의 압제 아래 있던 조선 민족의 대표단은 국제 회의장에 들어갈 수조차 없었습니다. 하지만 레닌은 1919년 3·1혁명으로 수립된 대한민국 임시 정부 요인을 직접 만나 대화를 나누고 거액의 독립 운동 자금을 지원해 주었습니다.

물론 미국도 민족 자결주의를 주창했습니다. 1차 세계 대전의 전승국 대표들이 전후 문제를 처리하려고 파리에서 강화 회의를 열었을 때 미국 대통령 윌슨은 군비 축소, 민족 자결, 국제 연맹 창설을 뼈대로 14개조 평화안을 제시했지요.

윌슨의 민족 자결주의는 각 민족 스스로 국가의 정치적 운명을 결정할 권리가 있다는 주장인데요. 한계가 뚜렷했습니다. 독일을 비롯해 패전국의 식민지였던 발칸반도와 동유럽의 여러 민족들에게만 적용되는 규칙이었거든요.

소련이 민족 해방 운동을 적극 지원하면서 미국은 압박을 받았습니다. 윌슨이 선언한 민족 자결주의가 패전국이 점령하던 지역에 국한하지 말고 보편적 원칙으로 정립되어야 옳다는 자각이 퍼져 갔지요.

식민지에서 자본주의적 요소가 미약하나마 발전함에 따라 등장한 토착 상공인들도 자신들의 자유로운 발전을 저해하는 제국주의의 지배로부터 벗어나기 위해 서유럽의 근대 민주주의·민족주의 사상에 입각해 반제국주의 민족 운동을 전개해 갔지요. 사회주의자들은 제국주의에 타협하지 않아 온 일부 민족주의 세력의 혁명화에 나서는 한편 농민들에게 토지 개혁을 약속했습니다.

1929년 시작된 세계 대공황으로 식민지 민중들의 고통은 더 커졌습니다. 제국주의 국가들이 식민지 착취를 더 강화해 자신들의 경제적 위기를 조금이라도 낮추는 전략을 세우면서 식민지 민중들과 제국주의와의 모순은 한층 심화되었지요. 민족 해방 운동은 반제국주의·반파시즘의 깃발 아래 모든 세력을 결집해 무력 항쟁으로 발전했습니다.

　　중국 신해혁명의 지도자 쑨원은 위안스카이의 사후에 발호하던 군벌들을 제압하고 제국주의 세력을 몰아내기 위해 국민당을 개편해 공산당과 연대했습니다. 이를 제1차 국공 합작이라고 합니다.

　　하지만 이듬해인 1925년 쑨원은 병사합니다. 권력을 이어받은 장제스는 공산당과의 연대를 끝내며 적대시했습니다. 군벌들을 통제하고 난징에 국민당 정부를 수립했지요. 난징 정부는 중국 근대화 정책에 나섰지만 군벌의 반발이 반복되고 일본의 침략으로 어려움을 겪었습니다.

　　장제스가 공산당 토벌에 집중하느라 일본의 침략에는 맞서지 않자 민심이 떠나기 시작했습니다. 일본은 괴뢰 국가인 만주국을 세우고 상하이를 침략하며 중국 북서부 지역까지 세력을 확장해 갔지요. 중국인들의 항일 투쟁 시위가 전국으로 확산되었습니다.

　　공산당은 국민당의 토벌을 피해 다니며 농민들의 항일 의식과 사회의식을 높여 갔습니다. 이를 '대장정'이라고 합니다. 결국 일본의 침략 앞에 국민당과 공산당은 1937년 다시 손을 잡고 항일 운동을 펼치지요. 제2차 국공 합작입니다. 국민당과 공산당은 힘을 모아 8년에 걸쳐 일본군과 싸웠습니다.

일본의 침략 전쟁이 태평양 전쟁으로 확대되자, 아시아의 모든 식민지·반식민지 국가에서 반파시즘 민족 해방 운동이 활발히 일어났습니다. 반파쇼·반제국주의적인 모든 정파와 노동인·농민·대중·학생·청년을 결집한 반파쇼 민족통일전선 운동과 무장 투쟁이 전개되었지요.

1919년 임시 정부를 세운 한국인들도 여러 갈래로 독립 운동을 벌였습니다. 1940년대 들어서서는 민족통일전선 운동을 벌여 나갔지요. 필리핀의 인민의용군, 미얀마의 인민 해방 전선도 같은 맥락입니다. 중동과 아프리카에서도 독일과 이탈리아 제국주의에 대하여 투쟁이 전개되었습니다.

2차 세계 대전은 60여 개국이 넘는 참전국들이 유럽, 아시아, 아프리카, 태평양에 이르는 여러 지역에서 벌인 인류 역사상 최대의 전쟁이었습니다. 대량 폭격과 유대인 학살 같은 인종 말살 작전 따위로 군인과 무고한 민간인을 포함해 5000만 명이나 희생되었지요. 생산 시설은 물론 건물과 교통·운송 수단들이 거의 붕괴되었습니다.

세계 대전 중에 영국의 처칠과 미국의 루스벨트는 대서양 헌장을 발표해 전후 평화 수립을 위한 기본 원칙을 제시했습니다. 세계 평화를 유지하기 위한 국제기구를 창설하자고 의견을 모았지요.

케테 콜비츠의 작품 〈씨앗들이 짓이겨져서는 안 된다〉(1942년)입니다. 2차 세계 대전의 한복판에서 한 여인이 어린이들을 두 팔로 보호하는 모습입니다. 새로운 역사를 써 갈 아이들을 지켜 내려는 '민중의 어머니'상을 담았습니다.

그 결과 국제 연합유엔이 출범했습니다.

국제 연합은 미국 뉴욕에 본부를 두고, 미국·영국·소련·중국·프랑스의 다섯 개 상임 이사국을 포함한 강대국들이 안전 보장 이사회에 대표국으로 참여하여 '국제적 평화와 안보 유지에 제1차적 책임'을 지도록 구성했습니다. 안전 보장 이사회의 결의는 국제 연합 회원국들의 총회보다 우선했으며, 다섯 개 상임 이사국들은 거부권을 행사할 수 있게 되었습니다.

전쟁을 주도한 정치가 및 군인들에게 책임을 묻는 군사 재판도 진행되었습니다. 1차 세계 대전까지는 전승국이 패전국에 배상금과 영토 할양을 요구했는데요. 그것이 또 다른 전쟁의 불씨가 되자 2차 세계 대전 이후에는 국제 재판을 열어 전쟁의 원인과 과정을 조사한 다음에 책임을 묻는 흐름이 생겼습니다.

국제 재판은 통상의 전쟁 범죄에 '인도에 관한 죄'와 '평화에 관한 죄'라는 새로운 원칙을 더했지요. 전쟁을 주도한 국가 지도자에게 형사 책임을 물을 수 있게 되었지요. 2차 세계 대전의 전범들을 처벌하기 위해 유럽에선 '뉘른베르크 재판', 동아시아에선 '도쿄 재판'이 열렸습니다.

국가별 전후 처리는 연합국과 패전국 사이의 조약으로 이루어졌습니다. 독일에 대해서는 미·영·프·소 4개국에 의한 분할, 군사·정치상의 무장 해제, 민주화 추진을 결정했지요. 4개국의 독일 분할은 이후 동독과 서독이 분단되는 계기가 되었습니다.

동아시아에서는 정작 전쟁을 일으킨 일본이 분할되지 않고 피해자인 한국이 분단되었습니다. 일본에 핵폭탄을 투하한 미국은 만주에서 일본군을 격파하고 한반도까지 들어온 소련에게 38도선을 경계로 분할 점령하자고 급히 제안했습니다. 그 결과 38선을 경계로 남과 북에 미군과 소련군이 들어왔지요. 유럽의 독일에 이어 동아시아에선 한국이 분단 국가가 되었습니다.

중국에서는 일본군이 항복한 뒤 국민당과 공산당 사이에 다시 내전이 일어났습니다. 마오쩌둥의 공산당이 승리하며 1949년 중화인민공화국을 수립합니다. 국민당은 대륙을 잃고 타이완으로 정부를 옮겼습니다. 오늘의 대만이지요.

2차 세계 대전을 거치며 일본·독일·영국·프랑스·네덜란드의 제국주의 지배 체제가 약화되면서 아시아뿐 아니라 중근동·아프리카 여러 민족의 민족 해방 운동에 유리한 조건이 마련됐습니다. 식민지·반식민지 국가들이 대거 정치적 독립을 이루었지요. 중국·인도네시아·알제리처럼 무장 투쟁으로 이룬 나라들과 인도, 스리랑카, 다수의 남아메리카 나라들처럼 비무장 투쟁으로 독립한 나라들로 구분할 수 있습니다.

세계 대전이 벌어질 때 독일군에 점령된 동유럽 여러 국가에서도 민족 해방 운동이 전개되었습니다. 독일의 패퇴와 더불어 인민 민주주의 정부가 출범했습니다.

전쟁 이후 소련에 의해 동유럽이 공산화되고 경제 불황의 영향으로 서유럽뿐만 아니라 그리스·터키까지 공산당의 영향력이 커졌습니다. 1947년 미국의 트루먼 행정부는 공산주의의 확산을 막기 위해 그리스와 터키에 대한 군사·경제석 시원 계획을 발표합니다. '트루먼 독트린'이라 부르지요.

미국은 이어 피폐한 유럽 경제 재건을 위해 대규모 경제 원조 기금을 제공하는 마셜 계획을 발표했습니다. 국무장관 마셜이 제안한 유럽 경제의 부흥 원조 계획입니다. 2차 세계 대전으로 유럽 경제가 파탄에 이르고 소련의 팽창 정책으로 공산주의 세력이 확대되자, 유럽 경제를 부흥시킴으로써 정치·경제적인 안정을 얻고, 공산주의 세력의 확대를 방지하기 위한 목적으로 발표했지요. 소련도 미국의 움직임에 대응했습니다. 동유럽 공산주의 국가들에 경제 원조를 위해 코메콘을 결성했지요.

전후 세계는 미국을 중심으로 하는 자본주의 세력과 소련을 주축으로 하는 공산주의 세력이 대립하는 '냉전coldwar 시대'를 맞았습니다. 실제 물리적 전쟁이 아닌 경제·외교·정보를 통해 국제적 긴장과 대립이 이뤄져 냉전이라고 하는데요. 다른 말로 미소 패권 시대라 부르기도 합니다.

때로 냉전이 열전으로 불붙기도 했는데요. 한국 전쟁과 베트남 전쟁이 대표적 사례입니다. 한국은 38선을 경계로 남과 북이 각각 단독 정부를 수립하고 2년도 안 되어 동족상잔의 참극을 겪었습니다.

프랑스의 식민지였던 베트남에선 호찌민을 지도자로 민족주의 세력이 결집하여 1945년 베트남민주공화국을 수립했는데요. 2차 세계 대전 전승국이던 프랑스는 베트남의 독립을 끝까지 인정하지 않았습니다. 호찌민은 파리 강화 회의에 '베트남 민중을 위한 8개 조항'의 청원서를 제출했지만 받아들여지지 않았지요.

자본주의 국가들은 결코 스스로 식민지를 포기하지 않을 것임을 깨달은 호찌민은 사회주의 사상을 받아들이며 민족 해방 투쟁에 들어갔습니다. 호치민은 제국주의를 물리치기 위해 '선진국의 사회주의와 식민지 민족주의 운동의 결합'을 호소했습니다. 베트남 공산당을 조직하여 독립 운동과 해방 운동의 지도자로 내내 활약했지만 생전에 통일을 보지는 못했지요.

유럽 국가들의 영토 쟁탈전이 격렬했던 아프리카에서는 이미 1차 세계 대전 이후부터 독립의 움직임이 활발하게 일어났습니다. 영국의 보호국이었던 이집트는 1922년에 수에즈 운하 관리권을 제외하고 독립했지요. 이어 아프리카 북부의 리비아·모로코·튀니지를 시작으로 국가 건설이 이어졌습니다.

프랑스는 베트남에서 그랬듯이 아프리카에서도 알제리 독립을 인정하지 않는데요. 알제리는 민족 해방 전선을 결성하고 8년에 걸쳐 프랑스군과 전쟁을 벌이며 독립을 달성했습니다. 가나·나이지리아를 비롯한 서아프리카 지역에서는 선거를 통해 새로운 정권이 탄생하며 독립을 이루었습니다.

지금까지 살펴보았듯이 자본을 사회의 중심 원리로 굴러가는 자본주의 체제는 불황 또는 공황을 맞거나 제국주의 전쟁을 일으켜 자국 민중의 삶을 고통스럽게 하고 식민지 민중들의 삶을 유린했습니다. 인류는 서로를 조직적으로 학살한 두 차례의 참담한 세계 대전을 겪으면서 자본주의를 넘어서는 새로운 사회를 염원했습니다.

제국주의자들도 두 차례에 걸쳐 세계 대전의 살육과 파국을 겪으면서 성찰하지 않을 수 없었습니다. 선진 자본주의 사회의 상공인들이 식민지 민중을 착취하고 학살하는 한편, 자기들끼리도 서로 피비린내 나는 전쟁을 벌였으니까요. 상공인들이라 부르든 자본가라 부르든 이윤을 추구하는 사람들이 중심이 된 사회는 한계가 또렷했기에 그 틀을 넘어서 자유와 평등, 우애를 이루려는 갈망과 의지가 구체적으로 표출되기 시작합니다.

자본을 가진 상공인들이 주도하는 자본주의 사회를 인간화하고 민주화하려는 사람들의 노력은 여러 갈래로 나타났습니다. 그 가운데 가장 강력한 흐름이 노동 운동이었음을 부인하는 학자들은 없습니다. 엄연한 사실이기 때문이지요.

세계 곳곳에서 노동 운동이 거세게 일어나고 20세기에 들어와 러시아에서 노동 운동에 근거해 혁명까지 일어나자 상공인들의 주도한 자본주의 체제는 새로운 국면을 맞았습니다.

자본주의가 발달한 국가들은 노동인들에게 '채찍'을 휘두르던 관행에서 벗어나 '당근'을 더 많이 주는 정책으로 전환했습니다. 복지 국가의 등장이 그것입니다.

만일 상공인들이 이끌어간 자본주의 사회에서 노동 운동이 활발하게 일어나지 않았다면, 복지 국가는 현실화하지 못했겠지요. 노동 운동에 나선 사람들은 사회 전반에 복지를 확대하는 투쟁에 앞장섰습니다.

유럽과 미국의 상공인들도 러시아 혁명을 지켜보며 자칫 모든 것을 잃을 수 있다는 위기의식을 느끼고 노동인들에게 '양보'하며 지배 체제를 유지하는 길을 선택했습니다. '요람에서 무덤까지from the cradle to the grave'는 2차 세계 대전이 끝난 뒤 영국 정부가 내세운 슬로건입니다. 태어나서 죽을 때까지 모든 사회 구성원의 최저 생활을 국가가 사회 보장 제도로 책임지겠다는 거죠.

자본주의가 불러온 경제 대공황과 두 차례의 세계 대전을 거치면서 그 시기를 몸으로 겪은 대다수 사람들은 자본의 논리가 지배하는 현실에 비판 의식을 지닐 수밖에 없었습니다. 자본주의 선진국에서 일어난 노동 운동은 그들 나라의 침략을 받아 식민지가 된 사회에서 일어나는 민족 해방 운동은 물론, 인종 차별과 성차별과 같은 모든 차별에 반대하는 운동과 손잡았지요.

근대 이후 세계사를 거시적으로 바라보면 유럽의 시민 혁명으로 단두대에서 출발한 민주주의가 노동인들의 투쟁을 거치면서 크게 성장하는 또렷한 흐름을 발견할 수 있습니다. 21세기에 살고 있는 우리 모두는 앞선 세대를 살았던 노동인들과 그들의 운동에 크게 빚지고 있는 거죠.

제3세계의 평화 10원칙과 '남북문제'

2차 세계 대전 이후 미국과 소련을 양대 축으로 냉전 체제가 지속될 때 어느 쪽의 노선도 따르지 않으면서 독자적인 비동맹 외교 노선을 지키는 나라들이 등장했습니다. 그런 국가들을 '제3세계'라고 불렀지요. 1789년 프랑스 혁명을 앞뒤로 '제1신분'귀족이나 '제2신분'성직자과 구별되는 '제3신분'평민이 역사의 주체로 나선 사실에 착안한 개념입니다.

동서 냉전기에 제3세계는 제1세계인 서방 진영미국, 서유럽, 오스트레일리아 등이나 제2세계인 공산주의 진영소련, 중국, 동유럽 등의 어디에도 가담하지 않고 중립을 표방한 국가들을 지칭했지요. 대부분은 2차 세계 대전 이후 식민지에서 독립한 신생국들이었습니다.

제3세계 나라들은 과거 식민 지배를 경험했기에 미국·소련 중심의 냉전 체제에 휘말리지 말아야 할 과제를 공통으로 지니고 있었습니다. 강대국과 동맹을 맺지 않음으로써 모든 국가와 우호적 외교 관계를 유지할 수 있는 비동맹 외교 노선을 채택했지요.

1955년 인도네시아 반둥에서 개최된 아시아·아프리카 회의AA회의에 참가한 29개 회원국들은 '평화 10원칙'을 채택했습니다. ① 기본적 인권과 국제 연합 헌장 존중 ② 주권과 영토 보전 존중 ③ 인류와 국가 간의 평등 ④ 내정 불간섭 ⑤ 단독·집단의 자위권 존중 ⑥ 대국에 유리한 집단 방위 배제 ⑦ 무력 침공 배제 ⑧ 국제 분쟁의 평화적 해결 ⑨ 상호 이익·

협력 촉진 ⑩정의와 국제 의무 존중입니다. 반제국주의·반식민주의를 뼈대로 한 평화 10원칙은 이후 신생 독립 국가들의 기본적 외교 원칙이 되었지요.

마침내 1961년 유고슬라비아의 베오그라드에서 제1차 '비동맹국non-aligned nations 회의'가 개최되었지요. 참가국들은 미국과 소련 주도의 군사 동맹에 참여하지 않으며, 국제 연합에 참여한 비동맹 국가들 사이에 결속을 강화할 것을 선언합니다. 아시아·아프리카 나라들과 동유럽의 유고슬라비아가 참가했던 비동맹 회원국의 수는 1970년대 말에 이미 120여 나라까지 늘어났고, 국제 사회에서 발언권도 그만큼 높아 갔습니다.

비동맹 운동의 목표는 1979년 쿠바에서 채택한 '아바나 선언'이 압축하고 있는데요. 선언은 "강대국이나 블록에 대항할 뿐 아니라 제국주의, 식민주의, 신식민주의, 인종주의, 모든 형태의 외국 침략, 점령, 지배, 간섭, 패권과 투쟁"하며 "비동맹 국가들의 독립, 주권, 영토 통일, 안보 보장"을 천명했습니다.

1989년부터 91년까지 소련을 비롯한 사회주의권이 붕괴한 이후 제3세계의 의미는 새롭게 설정되고 있습니다. 신자유주의 세계화 속에서 제3세계 국가들과 선진 자본주의 국가들 사이에 경제력 격차는 여전하거나 더 벌어지고 있습니다.

자본주의가 발달된 나라들은 대부분 지구 북반구에, 비동맹국들은 남반구에 위치하고 있기 때문에 이를 '남북문제'로 바라보는 사람도 있습니다. 북반구의 자본주의 선진국들과 남반구 나라들 사이의 경제적 격차에서 생기는 여러 문제를 포착한 개념입니다. 한반도의 남과 북을 이르는 말과는 맥락이 다르지요.

3년마다 열리는 비동맹국 회의는 현재까지 이어지고 있습니다. 유엔 회원국의 3분의 2를 차지하고 있지요. 지구촌의 남북 격차는 앞으로 인류가 풀어야 할 숙제입니다.

산마루2

자본주의 개혁에
가장 앞장선 나라들

20세기 자본주의 사회는 러시아 혁명과 소련을 의식할 수밖에 없었습니다. 자본주의가 제국주의를 낳으며 두 차례의 세계 대전으로 인류에게 큰 재앙을 준 반면에 노동 계급이 주도한 혁명으로 건설된 소련은 세계적 대공황 시기에 오히려 착실한 경제 성장을 이뤘거든요.

전후 유럽에서 자연스럽게 사회주의 정치 세력이 커져 갔습니다. 생산 시설마저 파괴되는 혹독한 세계 대전을 치른 자본가들 또한 '소련 방식의 공산 혁명'을 막기 위해 어느 정도 개혁이 필요하다고 생각했지요. 수정 자본주의 논리로 개혁에 나선 이유입니다.

자본주의 개혁에 가장 앞장 선 나라들이 북유럽입니다. 스웨덴, 노르웨이, 핀란드, 덴마크는 사회적 복지 국가를 목표로 내세웠습니다. 전후에 사회적 복지 국가를 체계적으로 주창한 유럽의 정치 세력은 1951년 독일의 프랑크푸르트암마인에서 사회주의 인터내셔널을 결성하며 민주 사회주의 선언 또는 '프랑크푸르트 선언'이라고도 불리는 '민주 사회주의의 목적과 임무'를 발표했습니다. 1962년에는 제2선언인 '오슬로 선언'을 노르웨이에서 발표했지요. 두 선언은 민주주의를 인간 생활의 정치적·경제적·사회적 및 국제적 영역, 한 마디로 인간 생활의 모든 영역으로 확대하자고 제안합니다.

사회주의 인터내셔널이 내세운 민주 사회주의는 공산주의와 다릅니다. 그들은 공산주의가 사회주의의 전통을 알아볼 수 없을 만큼 왜곡시켰다고 비판합니다. 특히 소련과 동유럽 체제에서 나타난 공산당원의 특권을 지적하며 새로운 계급 사회를 만들어 냈다고 선을 그었습니다. 오슬로 선언은 "미래는 공산주의의 것도 자본주의의 것도 아니다"라며 '최고 형태의 민주주의'라는 새로운 미래상을 제시했습니다.

민주 사회주의는 종래의 사회주의와 공산주의가 자유민주주의를 부정하거나 또는 단순한 수단으로 보는 것과 달리 "자유 속에서 민주주의적인 수단에 의하여 새로운 사회를 건설하려고 노력"합니다. 자신들의 정치적 목표를 '최고의 형태로서의 민주주의'라고 강조하지요.

생산 수단의 공유도 그 자체를 목적으로 삼지 않습니다. 사회의 경제생활과 복지를 받쳐 주는 기초 산업과 공공사업을 관리하는 수단, 비능률적인 산업이나 독점을 막는 방법으로 생각합니다.

그들이 주장한 사회 민주주의 복지 국가를 가장 잘 구현한 나라들이 북유럽입니다. 스웨덴 사회민주당사민당이 가장 먼저 1930년대에 선거로 집권했지요. 투표로 집권한 원동력은 노동인들의 조직인 노동조합이었습니다.

20세기 후반에 유럽에선 영국 노동당, 독일 사회민주당, 프랑스 사회당을 비롯해 사회 민주주의 계열 정당들이 집권해서 복지 정책을 구현했습니다. 민주 사회주의와 사회 민주주의는 큰 차이가 없고 혼용해서 쓰는 개념이지만 굳이 나눈다면 전자가 조금 더 진보적 이념입니다.

미국 자본주의는 유럽 자본주의와 다른 길을 걸었습니다. 스웨덴 자본주의가 사회 복지 국가의 상징이라면, 미국은 주주의 이익을 가장 중시하는 주주 자본주의의 전형이지요. 두 유형의 자본주의에서 실제로 살아가는 사람들의 일상생활은 크게 다릅니다. 한쪽은 사람과 사람 사이에 연대를 중시하고 다른 쪽은 개개인의 경쟁을 중시하니까요.

세계화와
과학 기술 혁명

미국과 소련의 패권 시대는 1970년대부터 흔들리기 시작합니다. 2차 세계 대전으로 유럽 대륙과 일본의 산업 시설이 대부분 파괴된 상황에서 생산 시설이 온전했던 미국과 상대적으로 덜 파괴되었던 영국은 전 세계를 상대로 수출입을 하며 경제 호황을 누릴 수 있었습니다.

하지만 독일·프랑스를 비롯한 유럽 국가들과 일본이 생산 시설을 복구하고 상품을 생산해 내면서 미국과 영국 기업들은 그들과 경쟁할 수밖에 없었고 그만큼 이윤이 줄어들어 갔지요. 그러자 기업과 시장에 대한 규제와 세금 때문에 경제 위기를 맞고 있다는 주장이 미국과 영국에 퍼져 갔습니다. 바로 신자유주의 논리입니다.

신자유주의는 경제 및 사회의 모든 영역에서 시장 경쟁 도입, 공공 서비스 축소, 산업 구조조정, 자본의 자유로운 이동과 이윤 추구를 옹호합니다. 다름 아닌 자본의 자유로운 이윤 추구 논리이지요. 마침내 그것을 국가 정책으로 제도화할 정치 세력이 영국과 미국에서 잇따라 등장합니다.

영국의 대처와 미국의 레이건이 비슷한 시기에 집권하면서 1980년대에 신자유주의는 지구촌에 영향력을 끼치기 시작합니다. 레이건과 대처가 기업에 대한 규제들을 완화하고 시장의 자율성을 강화하면서 공공 서비스가 축소되거나 민간으로 이양되었으며, 자본이 세계적으로 자유롭게 이동하는 것이 가능하게 되었습니다.

자본의 이윤을 극대화하기 위해 자본주의 사고방식을 세계 여러 나라에 보급하고, 국제 무역에서도 자유 무역을 확대하려는 경향으로 나타났지요. 그 결과 자본은 자원이 풍부하고 노동력이 값싼 나라를 찾아 그곳에 공장을 짓고, 생산한 상품을 가장 유리하게 팔 수 있는 나라로 보내 이윤을 극대화하는 정책을 폈습니다. 이른바 경제의 세계화 과정이었습니다.

세계화가 가능해진 것은 각종 교통·통신 수단의 발달 때문이었습니다. 대형 항공기와 컨테이너를 이용한 운송업의 발달, 먼 곳에서도 상호 정보를 주고받으며 생산과 유통 과정을 종합적으로 관리할 수 있게 된 정보 처리, 통신의 발달이 세계화를 촉진했지요. 상품과 서비스가 자유롭게 이동할 수 있게 되면서 자본주의 각국은 앞다퉈 관세를 낮추고 무역 장벽을 철폐해 갔습니다.

소련 붕괴와 중국의 개혁

'사회주의 연방' 소련에서도 격동이 이어졌습니다. 스탈린 사후 권력을 장악한 흐루쇼프는 스탈린 개인숭배를 비판하고, 경제적·사회적 개혁을 추진했습니다. 소비재 생산을 확대하고 공업 투자를 위해 국방비를 삭감하며 병력을 줄이고자 했지요. 게다가 미국과 평화 공존 원칙을 선언하면서 당 관료층과 군부의 반발이 일어납니다. 결국 흐루쇼프는 축출되고 브레즈네프가 등장하지요.

브레즈네프 중심의 집단 지도 체제로 소련은 안정을 찾았지만 당 관료들의 부패가 심해지고, 미국과의 군비 경쟁으로 과도한 국방비를 지출하면서 경제가 점차 침체기로 접어들었습니다. 동유럽 국가들에선 소련의 강압적 지배에 반발감이 커져 갔지요.

동유럽 최대의 공업국이던 체코슬로바키아에서 대규모 개혁 운동이 일어났습니다. 1968년 2월 체코 공산당은 스탈린주의적 개인숭배와 법질서를 파괴한 숙청을 비판하고 '인간의 얼굴을 띤 사회주의'를 표방하고 나섰습니다.

하지만 체코에서 전개된 '프라하의 봄'은 그해 8월 소련군과 동유럽 군내 20만 명이 프라하에 진입하며 막을 내렸지요. 소련식 사회주의 틀을 벗어날 수 없다는 '제한 주권론'을 내세우며 체코 내정에 군사적 개입을 서슴지 않은 소련은 국제 사회에서 지녀온 사상적 권위를 빠르게 잃어 갔습니다. 소련이 1979년 아프가니스탄

내정에 개입하면서 더 그랬지요.

1985년 소련 공산당 서기장으로 선출된 고르바초프는 경제를 발전시켜 생활수준을 높이고 비효율적인 정치·행정 체제도 개혁하겠다고 선언했습니다. 정치 체제에서 사상 영역에 이르기까지 모든 분야에서 개혁^{페레스트로이카}을 추진했습니다.

고르바초프는 레이건과 만나 핵미사일 일부 폐기에 합의했고 대대적인 군비 감축을 선언하며 아프가니스탄에서 소련군을 철수시켰습니다. 중국공산당과의 관계도 개선에 나섰지요. 국제 관계에서 긴장을 완화하며 국내 경제 개혁에 집중하겠다는 구상이었지요.

하지만 조급하게 시장 경제를 도입하면서 정작 생필품 부족과 인플레이션으로 노동인·농민들의 불만이 높아 갔습니다. 일당 체제에 대한 개혁 정책은 공산당을 비판하는 정치 세력의 등장을 불러왔고 그 결과 당의 정치적 권위는 점점 약화되어 갔습니다.

국내적 난관에 더해 국제적 위기가 밀려왔습니다. 고르바초프와 소련공산당이 동유럽 국가들에게 자율권을 주겠다고 밝히자 곧장 각국의 공산당 정부가 위기를 맞았습니다.

1989년이 결정적 전환의 해였습니다. 헝가리가 먼저 평화적 방법으로 공산당 일당 독재 체제를 폐지했습니다. 다당제와 시장 경제를 도입했지요. 폴란드에선 노동인들이 정부와 공산당의 통제에서 벗어나 '자유노조 연대'라는 비합법 조직을 만들었는데요. 고

미국 백악관 집무실에서 만난 로널드 레이건 미국 대통령(왼쪽)과 미하일 고르바초프 소련 서기장(오른쪽)의 모습입니다.(1987년 12월 10일)

르바초프 등장 이후 조선소 전기공 출신의 바웬사가 이끄는 자유 노조가 합법화되면서 의회 선거에서 압승을 거두었습니다. 자유 노조와 공산주의자들이 연립 정부를 구성했고 이듬해 바웬사가 대통령에 당선되었지요.

　체코슬로바키아에서도 민주화를 요구하는 대규모 반정부 시위가 일어나 공산당 정권이 붕괴했습니다. '시민 포럼'의 대표 하벨을 대통령으로 한 연립 정부가 수립됐지요. 부드러운 벨벳처럼 피 흘리지 않고 평화적 시위로 정권 교체를 이뤄냈기에 '벨벳 혁명'이라 불렀습니다. 이어 실시된 총선거에서 '시민 포럼'이 압승을 거두고 적극적으로 자본주의 국가들의 자본과 기술을 받아들였지요.

동유럽 국가들의 움직임은 마침내 동독을 자극합니다. 경제 불황과 공산당 일당 독재를 비판하는 시위가 이어졌는데요. 헝가리가 동독 국경 일대의 철조망을 제거하자 20만 명 이상의 동독인들이 국경을 넘어 서독으로 탈출하기 시작했지요.

이윽고 동독 안에서 대규모 반정부 시위가 본격화했고, 시위대에 의해 동서 독일의 경계선과 베를린 장벽이 무너졌습니다. 장벽이 붕괴되고 실시된 자유 총선거에서 공산당 일당 독재가 무너졌습니다. 신속한 통일을 주장하는 정치 세력이 압승을 거두었지요. 1990년 동독이 서독에 흡수되는 형태로 통일을 이뤘습니다.

본디 연방이었던 소련 안에서도 민족주의 열풍이 일어나 독립을 요구하는 시위가 벌어졌습니다. 소비에트사회주의공화국연방을 이루고 있던 나라들이 러시아가 주도하는 연방 질서에서 독립하겠다고 나선 거죠.

라트비아·리투아니아·에스토니아의 발트 3국이 소련 연방에서 탈퇴하여 독립하는 사건을 계기로 15개 연방 공화국 전체가 경제적 주권, 천연 자원에 대한 통제, 경제 개발에 관해 스스로 결정할 권리가 있다고 선언하면서 소련은 해체되기 시작합니다.

무엇보다 러시아공화국에서 선거로 대통령이 된 옐친이 소련 해체에 적극 나섰습니다. 결국 1991년 고르바초프는 연방 대통령직에서 물러났을 뿐만 아니라 소련 자체가 무너졌습니다.

소련공산당이 개혁을 추진하다가 붕괴에 이른 반면 중국공산당의 개혁은 세계적 강국으로 이어졌습니다. 본디 중화인민공화국을 건국한 이후 중국공산당의 지도자 마오쩌둥은 은행과 기업들을 국유화하면서 소련보다 더 단호하게 자본주의 국가들과 대립각을 세웠습니다.

흐루쇼프 시기 소련이 평화 공존을 원칙으로 외교 정책을 추진하자 마오쩌둥은 크게 반발했습니다. 소련의 틀에서 벗어나 '중국식 사회주의' 건설을 선언하고 '대약진 운동'을 벌였지요. 그 시기에 소련은 '15년 이내에 미국을 추월하자'라는 구호를 내세우고 있었는데요. 중국공산당은 1958년 당시 세계 2위의 경제 대국인 '영국을 15년 이내에 추월하자'는 구호를 내세웠습니다. '더 많이, 더 빨리, 더 훌륭히, 더 절약해서 사회주의를 건설하자'라는 총노선을 확정했지요.

마오쩌둥은 농촌 지역을 중심으로 인민공사人民公社를 조직해 노동 집약적 방법을 통해 산업화를 이루겠다는 급진적인 정책을 폈습니다. 모든 농민들은 생산대로 편성되었으며, 인민공사별로 공동 취사를 함으로써 여성들도 생산 활동에 참여했지요.

하지만 무리하게 집단생활을 강요해 개개인의 가정생활이 사라졌습니다. 사적인 소비품들을 죄다 몰수하고 일하지 않아도 똑같은 혜택을 받을 수 있게 되면서 작업 능률도 크게 떨어졌지요.

농민들의 태업과 저항에 더해 이상 기온에 따른 자연 재해가 겹쳐 아사자들이 급증했습니다. 마오쩌둥은 책임을 질 수밖에 없어

권좌에서 물러났고, 류사오치가 국가 주석에 취임하며 경기 침체를 벗어나기 위한 실용주의적 경제 정책을 추진했지요.

하지만 마오쩌둥은 순순히 물러나지 않았습니다. 수백만 명의 학생들을 선동해 홍위병을 조직하고 중국의 모든 전통적 가치와 '부르주아 이념'을 공격하도록 유도했지요. 혁명 이념을 점검한다는 명목으로 반대파를 공격하면서 자신에 대한 개인숭배를 강화하고 독재 체제를 구축했습니다. 문화 대혁명입니다.

국가 주석이던 류사오치와 덩샤오핑은 '자본주의 길을 가는 당권파', 곧 주자파走資本主義道路的當權派의 줄임말로 낙인찍혔습니다. 그 과정에서 정치·경제·사회적 혼란이 지속되었지요.

마오쩌둥이 사망하고 나서야 덩샤오핑은 다시 권력을 장악할 수 있었습니다. 덩샤오핑이 주도로 중국공산당은 1978년 실용주의 노선을 채택했지요. 농업·공업·국방·과학 기술 네 개 분야의 현대화와 경제 개혁·개방 정책을 실시했지요.

자본주의적 시장 경제 체제가 일부 도입되면서 중국 경제는 점차 활력을 띠기 시작했습니다. 그러나 개방의 부작용으로 관료 체제의 부정부패가 심화되면서, 학생과 지식인을 중심으로 보통 선거제와 다당제로 민주화 개혁을 요구하는 움직임이 일어나 전국적으로 확산되었지요. 그들이 1989년 톈안먼 광장에 모여 시위와 농성에 들어가자 덩샤오핑과 중국공산당은 무력으로 진압했습니다. 이후 사회주의 시장 경제를 통해 경제가 급속히 성장했습니다.

덩샤오핑은 집단 농장 체제를 해체하고 토지를 개인에게 돌려주어 의무 할당량만 채우면 나머지는 자유롭게 거래할 수 있도록 제도를 바꿨습니다. 기업들에도 이윤이라는 자극제를 도입했지요. 1990년대 들어서서는 민간 부문을 확대하고 무역을 개방하며 외국 자본의 직접 투자를 사실상 유도했습니다. 중국 경제는 빠르게 성장해 갔지요.

미국식 신자유주의 체제의 확산

소련 및 동유럽에서 공산주의 체제가 무너지자 미국식 자본주의 체제가 빠르게 퍼져 갔습니다. 각국이 외국 자본에 시장을 개방하면서 경제의 세계화가 가속화했지요.

자본주의적 세계화를 주도한 미국은 이미 2차 세계 대전 직후부터 세계 경제 재건과 무역 자유화를 목표로 삼았습니다. 미국 화폐인 달러는 세계 기축 통화가 되었지요. 각국은 달러를 기준으로 환율을 정했습니다.

미국은 국제통화기금IMF과 국제부흥개발은행IBRD 설립을 주도했는데요. 국가들 사이에 관세를 낮추어 무역을 확대하자는 의미에서 23개국이 참여해 '관세 및 무역에 관한 일반 협정가트, GATT'을 체결했습니다. 가입국들 사이에 다각적인 무역 교섭을 통해 관세를 인하함으로 무역 확대를 목표로 했습니다.

하지만 주요 자본주의 국가들이 자국의 이익을 위해 각종 불공정한 무역 행위를 서슴지 않으면서 '가트 체제'는 한계에 이르렀습니다. 미국은 각국의 무역 마찰을 조정하며 '자유 무역'을 구현하기 위해 1995년 세계무역기구WTO 결성을 주도합니다. WTO 결성을 계기로 세계 각국은 관세를 낮추고 무역 장벽을 철폐하여 자국민이 보다 싼 가격으로 세계 여러 나라의 생산품을 사용할 수 있도록 자유무역협정FTA을 체결하고 있습니다.

세계화는 중국도 WTO에 적극적으로 가입할 만큼 큰 흐름이 되었습니다. 각 기업은 자국 내 기업뿐만 아니라 수많은 외국 기업들과 경쟁하기 때문에 저렴하면서도 질이 우수한 상품을 만들기 위해 끊임없이 품질 개선과 연구 개발에 몰두하게 되었지요.

국제 거래의 규모도 빠르게 늘어나 상품 교역을 넘어 자본과 노동의 교역으로 확대되고 있습니다. 자본의 이동은 직접 투자와 증권 투자 형태로 나타납니다. 외국에 생산 공장을 직접 건설하며 기업을 소유·운영하고, 다른 나라에서 발행한 주식·채권을 구입하지요. 노동인들이 일자리를 찾아 국경을 넘어가면서 노동의 이동도 이뤄집니다.

신자유주의의 확산과 세계화의 결과 상품과 아이디어가 전 세계적으로 이동하여 상품 가격을 낮추고 생산 활동을 늘리면서 지구촌의 물질적 부는 전반적으로 증가했지요. 하지만 국가 간 불공

평한 부의 분배로 인해 남북문제, 곧 북반구의 선진 산업 국가들과 제3세계 국가들 사이의 격차는 더욱 커지고 있습니다.

부의 분배를 불평등하게 하는 주요 요인으로 다국적 기업을 들 수 있습니다. 여러 나라에 계열 회사를 거느리면서 세계 곳곳에서 생산하고 판매하죠. 다국적 기업들이 이윤을 극대화하는 과정에서 여러 환경 문제와 인권 문제가 발생하고 있습니다. 다국적 기업은 싼 가격의 제품을 만들기 위해 제3세계의 노동인들에게 낮은 임금을 지불하고 있습니다.

문제점을 해결하기 위해 각국 정부는 다국적 기업에 감시 활동을 강화하고 자국 내 노동 환경을 개선하며 노동인들의 후생 복지 수준을 높이기 위해 많은 노력을 기울이고 있습니다. 상품의 중간 유통 과정을 최소화하고 원료 생산자들에게 이익을 되돌리는 공정 무역에 관심을 보이는 기업도 늘어나고 있습니다.

하지만 신자유주의가 각 국가의 사회적 불평등을 더욱 심화시키고 있는 것이 엄연한 현실입니다. 국가 경쟁력 제고라는 이름으로 공공 서비스가 축소되고 산업 구조가 조정되면서 노동인들의 힘은 점차 약화되고 있습니다.

세계화 과정의 국제적 불평등과 국내적 불평등은 이어져 있습니다. 무한 경쟁 속에서 자본과 기술이 풍부한 선진국은 자신의 이윤을 극대화하지만, 미처 경쟁력을 갖추진 못한 국가와 기업들은 도태될 가능성이 높지요. 이는 해당 국가와 해당 산업에 종사하는 노동인들의 실업을 불러옵니다. 부익부 빈익빈이 가속화하는 거죠.

더욱이 세계화는 경제의 대외 의존도를 심화합니다. 세계화 때문에 국제 거래가 확대되면 외국에서 발생한 충격이 국내 경제에 미치는 파급 효과가 커질 수 있습니다. 국가 사이에 자본 이동이 자유로워짐으로써 선진국의 금융 위기가 순식간에 전 세계적으로 파급되어 금융 시장의 불안정성도 커질 수 있습니다.

과학 기술 혁명과 인류세 위기

세계화는 세계사의 현재적 상황이자 인류의 미래에 큰 변수입니다. 세계화를 긍정적으로 평가하는 학자들은 정보 통신 기술과 의료 기술의 발전으로 인간의 기대 수명이 늘어나고, 산업화·도시화의 진전으로 인류의 생활이 더 편안해진다고 주장합니다.

세계사를 짚어 보면 과학 기술 혁명으로 자본주의 사회의 생산력은 끊임없이 성장해 왔습니다. 19세기 제1차 산업 혁명 시기에 인류는 증기 기관과 석탄을 동력으로 대량 인쇄와 공장 생산 시대를 열었고, 20세기 제2차 산업 혁명에선 전기 커뮤니케이션 기술과 석유 자원이 만나면서 전화·라디오·텔레비전과 같은 새로운 매체들이 등장하며 자동차·석유·전자 부문의 대기업들이 세계 경제를 이끌어 갔습니다.

21세기에 들어서서 인터넷으로 상징되는 정보 과학 기술 혁명이 보편화하는 3차 산업 혁명이 일어났다는 진단이 나왔습니다. 과학 기술의 발전이 가속도가 붙으면서 4차 산업 혁명이 진행 중이라는 담론까지 등장했지요. 2016년 세계경제포럼^{WEF·다보스 포럼}은 "우리는 지금까지 우리가 살아오고 일하던 방식을 송두리째 바꿀 기술 혁명 직전에 와 있다"며 인공 지능^{AI}, 빅 데이터, 로봇 기술, 사물 인터넷^{Internet of things; IoT}을 꼽았습니다.

4차 산업 혁명은 지능 정보 기술이 제조업과 서비스 산업에 녹아듦으로써 사회 전체가 지능화되는 혁명입니다. 로봇이나 인공 지능을 통해 실재와 가상이 통합된 4차 산업 혁명의 시대가 예상보다 빨리 오고 있다는 주장입니다.

기계화, 전기화, 정보화로 전개되어 온 1·2·3차 산업 혁명에 이어 지능화를 핵심으로 과학 기술에 혁명적 변화가 일어나는 것은 분명합니다. 하지만 21세기 과학 기술 혁명이 열어 갈 인류의 미래가 낙관적이지만은 않습니다.

비관적인 전망이 커져 가는 것도 사실입니다. 산업 혁명 이후 급속히 발달한 기술에 더해 급격한 인구 증가와 도시의 팽창. 이윤을 극대화하기 위해 한정된 자원을 빠른 속도로 고갈시킨 다국적 기업들로 지구촌의 생태계가 위기를 맞고 있거든요. 대기 오염과 수질 오염에 이어 오존층이 파괴되고 전 세계의 평균 기온이 상승하는 지구 온난화 현상마저 또렷이 나타나고 있습니다.

대기 오염이나 수질 오염과 달리 오존층 파괴는 살갗에 와 닿지 않을 수 있는데요. 오존층 파괴는 치명적입니다. 지구 대기의 성층권에 있는 오존층이 대기권 밖에서 유입되는 햇빛 중 해로운 자외선을 차단하여 지표면의 생물을 보호해 왔거든요. 오존층이 있었기에 지상에 생물이 생존할 수 있었지만 프레온 가스의 사용으로 빠르게 파괴되어 왔습니다. 오존층이 빠른 속도로 분해되는 거죠. 오존층에 생긴 구멍이 커갈수록 많은 생물들이 자외선에 노출되어 피부암에 걸리거나 광합성을 방해받게 됩니다.

더욱이 80만 년 만에 대기 중 이산화탄소가 가장 높은 수준에 이르며 재앙적인 지구 온난화를 불러오고 있습니다.

인간의 경제 활동이 거대한 규모로 세계에 영향을 끼치면서 지구가 인류에 의해 이전과 구분되는 새로운 지질 시대에 진입했다고 우려하는 학자들이 늘어나고 있습니다. 그들은 새 지질학적 시대를 '인류세Anthropocene'로 명명합니다.

지질학자들은 우리가 사는 현재를 '현생누대 신생대 제4기 홀로세'로 규정하는데요. 홀로세Holocene는 가장 최근에 빙하가 줄어든 뒤 시작됐지요. 지질 시대는 크게 누대累代, eon, 대代, era, 기紀, period, 세世, epoch로 구분합니다. 공룡의 시대였던 중생대가 약 1억 8000만 년, 그 이전인 고생대가 약 3억 3000만 년 지속된 것과 비교할 때, 신생대는 고작 6600만 년이 지났을 뿐이고, 그 안에서도 제4기는 258만 년 전에 시작된 거죠.

현재의 지질연대 홀로세는 1만 2000년 전에 인류가 지구상에 번성하기 시작한 시기부터 현대까지를 지칭합니다. 당시 지구는 10만여 년에 걸친 빙하기를 뒤로하고 온난 습윤한 기후로 접어들었습니다. 삼림이 늘어나고 농경에 적합한 환경이 형성됐지요. 인류가 수렵 생활을 마무리하고 정착해 집단생활을 할 수 있는 여건이 바로 이 시기에 마련된 것입니다.

그런데 18세기 산업 혁명으로 오존층에 구멍이 나기 시작하면서 지구는 새로운 지질 연대로 접어들었다는 거죠. '홀로세'에 살고 있는 인류 전체가 지구의 '지질학적 변화'에 큰 영향을 끼쳤으므로 현재를 인류세로 부르자는 겁니다.

실제로 현대 인류는 과거 어느 때보다 지구에 많은 흔적을 남기고 있습니다. 불과 18세기만 해도 7억 명에 불과하던 세계 인구는 어느덧 70억 명을 훌쩍 넘어섰습니다. 이산화탄소와 메탄의 배출로 공기 중의 온실가스 농도는 지구 역사상 전례가 없는 수준으로 높아졌지요. 화석 연료로 인한 대기 오염이나 오·폐수로 인한 수질 오염, 토양 오염도 급증하고 있습니다. 썩지 않고 오래 보존되는 플라스틱·콘크리트 따위의 인공물은 먼 미래에 화석처럼 지층에 남을 것이란 뜻에서 기술 화석technofossil으로 불립니다.

지구 평균 기온의 변화는 지구가 얼마나 급격히 변하고 있는지 보여 줍니다. 지구는 과거에도 자연적으로 온난화를 일으켰다가 빙하기로 접어들면서 온도를 조절했지만 지금처럼 평균 기온이 빠르게 변한 적은 없었습니다. 기후 온난화 문제만이 아닙니다. 1945년 핵폭탄이 투하된 이래 태평양 마셜 제도의 비키니 환초를 비롯해 이른바 '강대국'들의 숱한 핵실험 결과로 10만 년이 지나도 사라지지 않을 방사성 동위원소의 흔적이 지구 곳곳에 남겨져 있습니다. 체르노빌 핵발전소 폭발 사고는 물론 일본의 후쿠시마 핵발전소 사고와 오염수까지 방사능 물질이 지구에 차곡차곡 쌓여 가고 있는 거죠.

인류세 주장을 비판하는 학자들도 있습니다. 인류세 개념은 우리 인류가 당면한 문제를 호모 사피엔스 전체의 잘못으로 호도한다는 거죠. 따라서 문제를 일으킨 주체를 명확하게 명시해 '자본세'Capitalocene로 불러야 한다고 주장합니다. 자본주의 때문에 산업혁명 이후 소비 지상주의가 만연했고, 화석 연료 생산 업체들의 로비와 영향력으로 1945년 제2차 대전 이후부터 놀랄 만큼 지구 온난화가 가속화되었다는 거죠. 인류세 개념은 문제를 인류 전체의 책임으로 돌리며 생태 위기의 주범인 자본주의에 면죄부를 줄 뿐이라고 비판합니다.

인류세든 자본세든 가장 끔찍한 결과는 대멸종입니다. 여러 생물종이 특정 기간에 급격히 멸종하는 현상을 대멸종이라고 부르는데요. 백악기 공룡의 대멸종을 포함해 현재 학계에는 다섯 차례의 대멸종이 알려져 있습니다.

학자들은 인류세에 접어들면서 생물종이 그 어느 대멸종보다 더

1945년 8월 9일 미국의 핵폭탄 투하 이후 나가사키 상공에 발생한 버섯 구름입니다.

빠른 속도로 줄어들고 있다고 우려합니다. 일부 학자들은 공룡들의 멸종 이래로 가장 심각한 대멸종 사태에 직면해 있다고 우려합니다. 6차 대멸종이 진행 중이라는 분석인데요. 그 원인이 인류라는 거죠. 공룡이 뼈와 발톱을 남기고 멸종했듯 인간은 플라스틱 페트병과 알루미늄 캔을 남기고 사라질 수 있다는 경고는 결코 가볍지 않습니다.

물론, 비관만 할 필요는 없습니다. 대멸종이나 인류세 개념 자체가 지나친 비관론이라고 주장하는 학자도 있으니까요. 다만 인류 문명의 발상지였던 유프라테스강과 티그리스강 유역이 본래 초원과 숲이 우거진 지역이었지만 문명이 발달하면서 황폐화된 사실은 상징적입니다. 1900년을 맞으며 20세기 첫해가 열릴 때도 유럽인들은 장밋빛으로 미래를 그렸지만 1·2차 세계 대전의 참사를 겪었지요.

다행히 인류세 또는 자본세의 위기감은 퍼져 가고 있습니다. 세계 각국은 지구 온난화 문제를 해결하기 위해 기후 협약을 맺고 이산화탄소 배출량 조절에 나서고 있습니다. 더욱이 세계화가 미국이 주도하는 신자유주의식으로 구현되어야 할 이유도 없습니다. 자본주의가 미국식 '자유 시장 경제'와 유럽식 '사회적 시장 경제'로 전개되었듯이 모든 경제 활동을 자본의 자유로운 활동에 맡기는 신자유주의적 세계화가 유일한 대안은 아닙니다.

세계사의 주체인 민중의 삶이라는 시각에서 볼 때 자유 시장 경제를 중심에 둔 자본주의가 약육강식의 우려가 있다면 사회적 시장 경제를 중심에 둔 자본주의는 억강부약의 가능성이 있습니다.

근현대 세계사의 전개 과정에서 보았듯이 자본주의는 앞으로도 변화해 나갈 것입니다. 자본주의의 빛과 그림자는 뚜렷합니다. 앞으로 세계사가 흘러가는 방향에 따라 자본주의의 운명도 결정되겠지요. 세계사의 방향을 결정해 갈 주체는 바로 지금 살아 있는 인류, 그 가운데서도 청소년입니다.

기후 위기와 코로나19가
인류의 미래에 드리운 그늘

2020년대에 들어서자마자 코로나19 바이러스가 온 지구로 퍼져 갔습니다. 코로나바이러스 감염을 기후 변화와 무관한 현상으로 보는 이들이 많지만 짧은 생각입니다. 2002년 사스SARS, 2009년 신종 플루, 2012년 메르스MERS, 중동호흡기증후군를 돌아보아도 알 수 있지요. 코로나19까지 모두 동물로부터 사람에게 전이된 바이러스로 추정되고 있거든요.

자본이 더 많은 이윤을 좇아 자연을 파괴하고 거기에 기후 변화가 겹쳐 지구촌의 수많은 야생 동물의 서식지가 사라졌습니다. 개체수가 급감하고 서직지에서 쫓겨난 야생 동물이 사람과 접촉하자 그 동물을 거처로 삼아 오던 바이러스들이 가축이나 인간을 새로운 숙주로 삼기 시작했지요.

지구화 이전에는 새로운 바이러스가 출현하더라도 사람들이 이동하는 길을 따라 순차적으로 감염시키면서 시나브로 약화되는 과정을 거쳤습니다. 하지만 세계화로 이동이 빠르게 대규모로 진행되면서, 신종 바이러스가 시차를 두지 않고 여러 지역에서 발현하게 되었지요. 바이러스가 약화되는 과정을 거치지 않고 여러 지역의 사람을 동시에 감염시키는 거죠.

문제는 자본주의적 세계화가 앞으로도 멈추지 않을 때입니다. 선진 자본주의 국가들에 본부를 둔 농수산 식품 산업 다국적 기업들이 제3세계의 값싼 토지와 노동력을 이용하기 위해 거침없이 '오지'로 들어가고 있거든요. 21세기 들어 신종 바이러스가 끊임없이 나타나는 현상을 유의할 이유입니다.

인류는 코로나19가 진정되더라도 언제 어떤 바이러스가 다시 엄습해 올지 모르는 상황을 맞았습니다. 우리는 전자 현미경을 만들고 나서야 비로소 바이러스가 지구에 존재하고 있다는 사실을 알게 되었는데요. 지구에서 가장 작은 생명체인 바이러스가 자신보다 1000만~2000만 배나 더 큰 인류를 공포로 몰아넣고 있다는 주장은 단순한 과장이 아닙니다.

현재까지는 운석 충돌설이 가장 유력하지만 6500만 년 전 공룡이 멸종한 원인을 바이러스에서 찾는 학설도 있습니다. 우리가 지금은 전혀 모르는 바이러스의 공격으로 인류도 종말을 맞을 것이라는 비관적인 예측도 나오고 있지요. 가령 스페인 독감은 1918년 처음 발생해 1920년까지 2년 동안 세계 인구를 2500만~5000만 명 줄였는데요, 교통이 훨씬 발달한 오늘날 그와 같은 바이러스가 생긴다면 인류에게 치명상을 입힐 수 있습니다.

미국 할리우드 영화의 상상력이지만 〈혹성탈출: 진화의 시작〉과 같은 영화에서 유인원이 인간을 밀어내고 지구의 지배자가 된 이유도 바이러스에 있습니다. 유인원은 이겨 낼 수 있지만, 인간에게는 치명적인 바이러스가 팬더믹전 세계적인 대유행을 일으키면서 인간이 멸종 위기에 처했다는 설정은 세계사의 한 대목을 연상케 합니다. 아메리카에서 수만 년에 걸쳐 살아온 선주민들이 백인들의 옮겨온 병원체로 거의 몰살한 사례가 그것이지요. '좀비 바이러스'도 그 연장선의 상상력입니다.

코로나19의 창궐은 자연을 무분별하게 파괴하는 형식의 문명은 인류의 미래를 어둡게 할 뿐이라는 진실을 새삼 깨닫게 해줍니다. 인류의 세계사가 마침표를 찍는 순간이 오지 않도록 경각심이 필요합니다.

미중 '신냉전'인가, 동아시아 '신문명'인가?

20세기 후반이 미국과 소련의 패권 경쟁시대였다면, 과도기를 지나 2020년대부터 미국과 중국 사이에 신냉전 시대가 본격화했다고 볼 수 있습니다. 2021년 영국에서 열린 주요 7개국^{G7, 미국·캐나다·영국·독일·프랑스·이탈리아·일본} 정상 회의와 북대서양조약기구^{NATO} 정상 회의에서 미국 대통령 바이든은 '세계가 중국이라는 새로운 도전에 직면해 있다'고 주장했습니다. 세계 언론은 2021년 G7 정상 회의를 '신냉전의 신호탄'이라고 평가했습니다.

신냉전은 미소 냉전과는 달리 미중이 경쟁국이면서도 경제적으로 깊게 얽혀 있다는 점에서 대결로만 갈 수 없다는 의견이 많지만 문제는 간단하지 않습니다. 미국과 중국의 경제력 격차는 해마다 줄어들고 심지어 일부 전문가들은 2030년 이전에 GDP 규모에서 중국이 미국을 추월하리라 예측하고 있거든요.

가장 큰 경제 규모를 가진 나라가 전 세계 경제를 이끌 가능성이 높고, 기축 통화 결정은 물론 각종 정치적 영향력을 행사할 힘도 커질 것입니다.

미국은 자국 패권을 유지하기 위해 인권, 민주주의와 같은 보편적 가치를 내세웁니다.

중국은 인재 양성을 통해 첨단 산업 분야의 기술 확보에 총력을 기울이고 있습니다. 이미 2017년에 중국은 '10대 첨단 기술 특허 건수' 순위에서 인공 지능, 자율 주행, 블록체인을 비롯한 대부분 분야의 1위를 차지해 세계 최대의 특허를 보유한 나라로 떠올랐습니다.

2021년 중국공산당 창당 100주년을 맞았을 때 국제 문제에 대해 중국 지도부의 시각을 대변하는 〈환구시보〉는 당이 "중화 민족의 장기간 누적된 가난과 약세로 쇠퇴하는 형세를 반전시킴으로써, 활기차게 발전하는 세계 2위 경제 대국을 일궈 냈다"고 보도했습니다. 이어 그 "어려운 임무를 탐색하고 실현하는 영도자"였던 중국공산당은 "세계 역사상 존재했던 다른 정당들과 범주화하여 비교할 수 없다"고 자부했습니다. 세계사에서 "영국이 떠오를 때의 인구는 전 세계의 1.4%, 미국이 부상할 때는 4.7%, 소련은 8.4%였다"면서 중국의 인구가 인류의 5분의 1에 이른다는 사실도 강조했지요.

중국공산당 100년을 자축하는 중국 언론의 주장을 무비판적으로 읽을 필요는 없습니다. 다만 21세기 중후반의 지구촌은 동아시아 문명 시대가 활짝 꽃필 가능성이 높습니다. 기실 17세기까지 동아시아는 유럽 문명을 앞서 있었거든요. 자본주의 문명에서 뒤처졌던 시대를 넘어 새로운 시대가 열리고 있습니다. 한국, 중국, 일본은 이미 지구촌 경제력의 20퍼센트를 점유하고 있습니다.

세계사를 돌아보면 새로운 문명의 전환은 뚜렷합니다. 19세기가 유럽의 시대, 20세기가 미국의 시대였다면 21세기는 아시아의 시대라는 전망은 미국에서도 나오고 있습니다.

동아시아 시대가 열릴 때 인구나 영토에서 한국이 가장 불리하다고 생각한다면 단견입니다. 21세기 문명까지 인구나 영토가 좌우한다면 그것을 '새로운 문명'이라 부르기 어려울 테니까요. 한국인들은 세계사의 새로운 지평을 열어 갈 문화적 저력을 지니고 있습니다. 그 과정에서 남북이 통일을 이룬다면 그 가능성이 더 높아지겠지요.

세계사의 새 지평

지금까지 선사 시대에서 출발해 세계화와 인류세에 이르는 사뭇 긴 여정을 살펴보았습니다. 세계사를 거시적으로 돌아보면 인류는 네 차례에 걸쳐 미디어 혁명으로 그때마다 새로운 역사를 열어 왔습니다. 말, 글, 대중 매체, 인터넷이 그것입니다. 언어 혁명, 문자 혁명, 인쇄 혁명, 디지털 혁명으로 부르기도 합니다.

말은 인류를 동물과 다른 존재로 만드는 혁명적 변화로 문명 탄생의 기반이 되었고, 글은 문자 혁명을 이루며 선사 시대와 역사 시대를 나누는 획을 긋고 신분제 사회를 만들었습니다. 인쇄 혁명으로 자본주의와 함께 열린 대중 매체 시대는 사람들의 정치·사회 의식을 변화시키며 왕을 정점으로 한 신분 체제를 무너트렸습니다.

세계사의 근대에서 인류는 오랫동안 이어 온 왕정으로부터 벗어나 민주주의의 길을 열었습니다. 입법부, 행정부, 사법부로 권력을 분립했지요. 인쇄 혁명 이후 등장한 언론은 제4부로 불리며 입법·

행정·사법 3권을 감시하고 여론을 형성하는 일을 맡았습니다.

그런데 근대 세계를 연 인쇄 혁명에 이어 500여 년 만에 세계사의 큰 전환이 일어나고 있습니다. 인터넷을 기반으로 한 소통 혁명이 그것인데요. 입법·행정·사법 3권을 감시하고 여론을 형성하는 일을 신문과 방송이 도맡았던 19세기·20세기와 달리 21세기에 들어서면서 모든 사람이 스스로 언론 행위를 펼 수 있는 시대가 열렸습니다. 아무런 특권이나 특혜도 없는 민중들이 직접 글을 발표할 수 있게 됨으로써 민주주의의 오랜 꿈인 '민중의 자기 통치'에 가까이 다가설 수 있게 되었습니다.

물론, 이 책에서 보았듯이 인류가 걸어온 길은 찬란한 행보 못지않게 비극적인 사건도 많았지요. 수많은 학살극과 억울한 죽음들은 우리를 슬픔에 잠기게 합니다. 더구나 인류세의 경고와 바이러스 위험성이 21세기에 먹구름을 드리우고 있습니다.

그럼에도 우리는 세계사의 내일을 낙관할 수 있습니다. 역사를 아는 만큼 미래가 보인다고 했지요? 이 책에서 살펴본 세계사 이야기는 우리에게 두 가지를 일러 줍니다.

첫째, 인류는 진보해 왔습니다. 더러 역사는 과연 진보하는가에 물음표를 던지는 사람들이 있는데요. 그렇게 보는 것도 자유이지만, 한 가지 누구도 부인할 수 없는 사실이 있습니다. 인류는 불평등과 억압이 없는 세상, 자유롭고 평등하고 사람들 사이에 우애가 넘실대는 세상으로 때로는 한걸음 때로는 큰 걸음으로 다가섰습니다.

보십시오, 이제 그 누구도 노예제를 옹호하지 않습니다. 농노제와 지주들의 착취에도 동의하지 않습니다. 20세기가 열릴 때만 해도 전 세계에서 여성들은 투표권이 없었지만, 지금은 상상할 수도 없는 일이 되었습니다. 20세기 중반만 해도 미국에서 흑인 차별은 극심했지만, 지금은 감히 그 누구도 인종 차별적 발언조차 내놓지 못합니다. 조금이라도 성차별이나 인종 차별을 했다가는 인터넷에서 살아남지 못하지요.

물론 지금도 불평등은 다 해소되지 못했습니다. 하지만 인류는 앞으로 남아 있는 모든 불평등을 해소해 나갈 것입니다. 그 세상을 일궈 갈 주체는 과거에도 언제나 인구의 대다수인 민중이었듯이 앞으로 그렇겠지요. 자신들만 특권과 특혜를 누리려는 사람들에 맞서 모든 사람이 자유롭고 평등하고 우애롭게 살아갈 수 있는 세상을 민중들은 앞으로도 벅벅이 이뤄 나갈 터입니다.

둘째, 민중의 의식이 변화할 때 사회 변화가 이뤄졌습니다. 기실 세계사에서 오랫동안 불평등한 신분제 사회가 이어진 이유도 신분이 높은 지배 세력이 민중의 의식이 성숙하는 것을 가로막은 데서 찾을 수 있습니다.

가령 17~19세기에 일본은 천민들을 '히닌'이라 불렀는데요. 히닌非人은 사람이 아닌 존재라는 의미입니다. 천민을 보면 '저들은 사람이 아니야!'라며 차별을 합리화한 거죠. 노예나 노비에 대한 차별도 마찬가지입니다. 그들은 글을 몰랐고, 글을 아는 지배 세력은 그들을 '비인간'으로 문자화했습니다. 그래서 또는 그래야 그들을 차별하거나 착취할 때 아무런 양심의 가책을 느끼지 않게 되는 거죠.

세계사를 통해 우리는 '비인간'의 낙인을 더 찾을 수 있습니다. 수많은 전쟁마다 적은 살해해야 할 '히닌'이었습니다. 하지만 세계사의 대다수 전쟁은 지배 세력의 이익을 위해서였습니다. 전쟁 당사국의 민중과 민중 사이는 서로를 '히닌'으로 볼 이유가 없었지요.

세계사는 씨족, 부족, 민족의 단계마다 수많은 전쟁을 담고 있습니다. 씨족애, 부족애, 민족애의 이름으로 다른 씨족, 다른 부족, 다른 민족을 억압하고 학살한 역사는 대체로 지배 세력이 자신들의 기득권을 유지하고 확장하려는 욕망 때문이었습니다. 그들은 전쟁에 동원하거나 이용할 민중들의 의식을 통제해 왔지요. 민중의 의식 변화가 사회 변화에 중요한 까닭입니다. 바로 거기에 세계사 전개 과정에서 미디어 혁명을 눈여겨본 이유가 있는 거죠.

철학자 헤겔은 "세계사는 세계의 심판"이라는 유명한 정의를 남겼는데요. 헤겔의 정의는 그 심판의 주체가 '절대정신'이라는 모호한 관념이기에 납득하기 어렵습니다. 하지만 그 심판의 주체가 인류의 절대다수로서 사회를 유지하고 발전할 수 있는 기반을 언제나 담당해 온 민중이라면 그 의미가 새롭습니다.

인류는 늘 진보해 왔으며, 여기에는 민중의 의식 변화가 큰 역할을 했다는 두 가지 사실에서 우리는 인간의 존엄성과 인류애를 발견할 수 있습니다. 모든 인간이 귀한 존재라는 진실을 서로 소통하며 공감할 수 있었기에 세계사의 과거가 웅변해 주듯이 불평등을 해소해 올 수 있었고 세계는 앞으로 나아갈 수 있었습니다.

인터넷 혁명과 함께 열린 21세기는 앞으로 100여 년에 걸쳐 새로운 문명을 꽃피울 것이라고 전망할 수 있습니다. 그 과정에서 새 문화 창조의 주체인 민중의 창조적 역량이 가장 큰 변수이겠지요. 세계사 톺아 보기도 그 역량을 높이는 학습입니다. 씨족애, 부족애, 민족애의 차원을 넘어 인간이라면 마땅히 인류애를 구현해 갈 조건이 마련되고 있거든요.

아직 갈 길은 멉니다. 돌아본 세계사에서 새삼 깨달을 수 있듯이 모든 인간은 역사적 존재입니다. 인간이 역사를 만들지만 스스로 선택한 조건에서 만드는 것은 아니거든요.

살아 있는 인류가 서 있는 곳은 언제나 긴 역사의 끝이자 새 역사의 출발점입니다. 우리 개개인이 역사적 존재임을 망각할 때 자칫 역사에 떠내려갈 수 있습니다.

진정한 예언자는 오직 '스스로 미래를 열어 가는 사람'이라고 하지요. 인류사의 내일은 오늘의 10대들이 세계사와 무엇을 소통하느냐에 달려 있습니다.